Dimensões psicológicas da educação física

Dimensões psicológicas
da educação física

Lucimara Ferreira Magalhães

Rua Clara Vendramin, 58 • Mossunguê • CEP 81200-170 • Curitiba • PR • Brasil
Fone: (41) 2106-4170 • www.intersaberes.com • editora@intersaberes.com

Conselho editorial
Dr. Alexandre Coutinho Pagliarini
Dr.ª Elena Godoy
Dr. Neri dos Santos
Dr. Ulf Gregor Baranow

Editora-chefe
Lindsay Azambuja

Gerente editorial
Ariadne Nunes Wenger

Assistente editorial
Daniela Viroli Pereira Pinto

Edição de texto
Arte e Texto
Monique Francis Fagundes Gonçalves
Natasha Suellen Ramos de Saboredo

Capa
Laís Galvão (*design*)
Triff/Shutterstock (imagem)

Projeto gráfico
Luana Machado Amaro

Diagramação
Rafael Ramos Zanellato

Designer responsável
Luana Machado Amaro

Iconografia
Regina Claudia Cruz Prestes

Dados Internacionais de Catalogação na Publicação (CIP)
(Câmara Brasileira do Livro, SP, Brasil)

Magalhães, Lucimara Ferreira
  Dimensões psicológicas da educação física /Lucimara Ferreira Magalhães. -- Curitiba : Editora Intersaberes, 2022. -- (Série Corpo em Movimento)

  Bibliografia.
  ISBN 978-65-5517-094-8

  1. Educação física 2. Esportes - Aspectos psicológicos 3. Psicologia do esporte I. Título. II. Série.

22-122127   CDD-796.01

Índices para catálogo sistemático:
1. Psicologia do esporte   796.01
Cibele Maria Dias – Bibliotecária – CRB-8/9427

1ª edição, 2022.

Foi feito o depósito legal.

Informamos que é de inteira responsabilidade da autora a emissão de conceitos.

Nenhuma parte desta publicação poderá ser reproduzida por qualquer meio ou forma sem a prévia autorização da Editora InterSaberes.

A violação dos direitos autorais é crime estabelecido na Lei n. 9.610/1998 e punido pelo art. 184 do Código Penal.

Sumário

Apresentação • 9
Como aproveitar ao máximo este livro • 13

Capítulo 1
Aspectos históricos da psicologia • 19
1.1 Contextualização histórica • 23
1.2 Psicologia científica • 30
1.3 Psicologia na educação física • 36
1.4 Psicologia aplicada ao esporte • 42

Capítulo 2
Teorias de psicologia do século XX • 57
2.1 Introdução às principais teorias da psicologia • 61
2.2 Behaviorismo • 62
2.3 Gestalt • 74
2.4 Psicanálise • 81
2.5 As contribuições das teorias behaviorista, gestaltista e psicanalítica para a compreensão do comportamento humano • 91

Capítulo 3
Sistema cognitivo · 97

    3.1 Desenvolvimento cognitivo · 101
    3.2 Desenvolvimento da inteligência · 108
    3.3 Behaviorismo e aprendizagem · 111
    3.4 O desenvolvimento cognitivo e a educação física · 116
    3.5 Contribuições da educação física para o desenvolvimento do cognitivo · 120

Capítulo 4
Relações interpessoais · 133

    4.1 Relações interpessoais na educação física · 137
    4.2 Psicologia dos grupos e das equipes · 147
    4.3 Grupos e equipes · 152
    4.4 Jogos cooperativos na escola · 166

Capítulo 5
Desenvolvimento motor · 173

    5.1 Uma breve contextualização sobre desenvolvimento · 177
    5.2 Estudo do movimento · 180
    5.3 Desenvolvimento ao longo da vida · 194
    5.4 Métodos de estudo do desenvolvimento · 196
    5.5 Faixas etárias do desenvolvimento · 200

Capítulo 6
Aspectos psicológicos humanos • 211
- 6.1 Psicologia do ser humano • 215
- 6.2 Aspectos psicológicos relacionados ao desenvolvimento • 217
- 6.3 Aspectos relacionados ao rendimento esportivo • 221
- 6.4 Psicologia do esporte • 231
- 6.5 Fatores motivacionais e emocionais na prática de atividades físicas • 237

Considerações finais • 251

Estudo de caso • 253

Referências • 259

Bibliografia comentada • 271

Sobre a autora • 275

Apresentação

A contribuição da psicologia na área de educação física vem sendo estudada ao longo dos anos. Essa é uma ciência subjetiva e que demanda compreensão para sua abordagem, assim como dos estudos relacionados aos aspectos psicológicos e imaginativos. Dessa forma, o estudo dessas dimensões pode ser muito abrangente e, ao mesmo tempo, muito subjetivo, visto a grande diversidade cultural e sua dinamicidade.

A construção deste livro exigiu o estudo e o planejamento relacionados aos conteúdos e conceitos a serem abordados, de forma que fossem sintetizados os principais temas relacionados ao assunto, com certa intensidade e profundidade, mas de forma leve e contínua, facilitando o processo de ensino-aprendizagem e sempre contextualizando os assuntos para a prática profissional.

Assim, organizamos em seis capítulos os assuntos mais pertinentes ao tema *dimensões psicológicas da educação física*, de modo a contextualizar o funcionamento e as relações dos fatores psicológicos com o objeto de estudo da educação física: o movimento, que é algo intrínseco à vida do ser humano, visto que auxilia no desenvolvimento e nas construções biológica, psicológica e social deste. O movimento faz parte da vida humana desde o nascimento, quando os bebês descobrem o mundo por esse meio. Com o passar do tempo, isso se torna cada vez mais controlado e direcionado aos objetivos que se pretende alcançar (Fernandes, 2008), além de fazer parte do próprio comportamento humano.

No Capítulo 1, fornecemos uma introdução sobre as teorias psicológicas relacionadas ao comportamento motor e ao estudo do movimento. Já nos capítulos 2, 3 e 4, damos enfoque aos aspectos psicológicos, às teorias, aos processos cognitivos e às relações sociais que acontecem por meio das relações interpessoais.

No Capítulo 5, abordamos as formas e as relações das atividades motoras da educação física associadas aos diversos contextos, ou seja, no âmbito escolar e esportivo. Por fim, no Capítulo 6, tratamos dos aspectos psicológicos humanos e suas relações com os conteúdos já estudados. Nele, apresentamos uma contextualização final, como os processos de treinamento psicológicos no âmbito do esporte e também escolar, que buscam melhorar a qualidade de vida e proporcionar condições psicofísicas ideais para o desenvolvimento do indivíduo.

As bases teóricas e empíricas para o estabelecimento dos termos e dos contextos foram importantes para a construção deste material, assim como os saberes e as experiências práticas. Para contextualizar os ramos da psicologia e as principais áreas que se relacionam ao movimento humano na dimensão das práticas corporais de lazer, esporte, jogos, lutas e ginásticas, propusemos associações e exemplos práticos referentes a conceitos e termos. Essa metodologia de trabalho amplifica o processo de ensino e facilita a compreensão por parte do aluno, pois possibilita a visualização do conteúdo abordado de uma forma mais prática e interativa com sua realidade.

Durante a construção do material, os capítulos foram dispostos de acordo com o nível de complexidade, de modo que os termos e conteúdos fossem cada vez mais adequados à realidade do profissional. Essa concepção é importante, visto que há a necessidade de se compreender e visualizar o contexto para entender como funcionam os processos. Assim, do ponto de vista didático-pedagógico, visamos atender a esses princípios como forma de ensino aos leitores desta obra.

Primeiramente, buscamos abordar teorias e conceitos básicos, pois perceber a relação desses conteúdos com sua realidade, leitor, tanto como aluno quanto como profissional, é importante para o processo, assim como com as problematizações oferecidas nos boxes da seção *Exercício resolvido*.

Em seguida, tratamos de aspectos relacionados à fundamentação teórica. Isso permitiu construir uma linha lógica de raciocínio, assim como a contextualização dos temas tratados na obra. Esperando que a leitura seja concisa e compreensiva, buscamos implementar exemplos e figuras ilustrativas, que visam firmar os conceitos e as concepções relatados ao longo do livro.

Partindo das ideias de interdisciplinaridade e multidisciplinaridade, os conteúdos são o tempo todo contextualizados, considerando-se a prática do profissional de educação física, assim como o âmbito escolar. Essa é uma iniciativa importante, visto a necessidade da utilização de metodologias para a mudança dos processos profissionais e das abordagens profissionais minimalistas e incompletas. Assim, este material dá enfoque à complexidade e à imensidão de concepções e conceitos que estão contemplados na intersecção entre as áreas da psicologia e da educação física, de modo a revelar a necessidade e a importância das propostas dispostas e abordadas ao longo do livro.

Por fim, é preciso salientar a importância da abordagem profissional nessa área e os efeitos que ela pode produzir para os indivíduos e também para os profissionais, que poderão experimentar estratégias mais assertivas e bem conduzidas. Essas concepções são importantes diante das mudanças que vêm sendo introduzidas tanto no campo da saúde quanto no âmbito educacional, em que se procura a contextualização e a compreensão dinâmica e complexa dos contextos, trazendo os conteúdos para a prática profissional.

A vocês, estudantes, pesquisadores, professores do movimento e comportamento humano na dimensão das práticas corporais de lazer, esporte, jogos, lutas e ginásticas, bem como demais interessados nos estudos dessa área, desejamos excelentes reflexões.

Como aproveitar ao máximo este livro

Empregamos nesta obra recursos que visam enriquecer seu aprendizado, facilitar a compreensão dos conteúdos e tornar a leitura mais dinâmica. Conheça a seguir cada uma dessas ferramentas e saiba como estão distribuídas no decorrer deste livro para bem aproveitá-las.

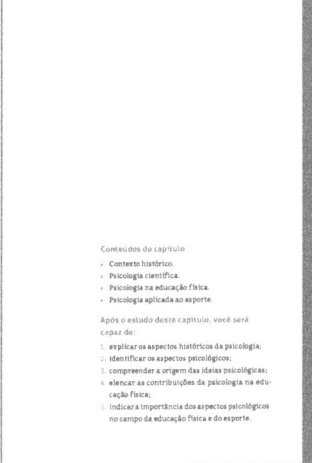

Conteúdos do capítulo

Logo na abertura do capítulo, relacionamos os conteúdos que nele serão abordados.

Após o estudo deste capítulo, você será capaz de:

Antes de iniciarmos nossa abordagem, listamos as habilidades trabalhadas no capítulo e os conhecimentos que você assimilará no decorrer do texto.

Exemplificando

Disponibilizamos, nesta seção, exemplos para ilustrar conceitos e operações descritos ao longo do capítulo a fim de demonstrar como as noções de análise podem ser aplicadas.

Preste atenção!

Apresentamos informações complementares a respeito do assunto que está sendo tratado.

Importante!

Algumas das informações centrais para a compreensão da obra aparecem nesta seção. Aproveite para refletir sobre os conteúdos apresentados.

O que é

Nesta seção, destacamos definições e conceitos elementares para a compreensão dos tópicos do capítulo.

Para saber mais

Sugerimos a leitura de diferentes conteúdos digitais e impressos para que você aprofunde sua aprendizagem e siga buscando conhecimento.

Curiosidade

Nestes boxes, apresentamos informações complementares e interessantes relacionadas aos assuntos expostos no capítulo.

Exercícios resolvidos

Nesta seção, você acompanhará passo a passo a resolução de alguns problemas complexos que envolvem os assuntos trabalhados no capítulo.

Síntese

Ao final de cada capítulo, relacionamos as principais informações nele abordadas a fim de que você avalie as conclusões a que chegou, confirmando-as ou redefinindo-as.

Estudo de caso

Nesta seção, relatamos situações reais ou fictícias que articulam a perspectiva teórica e o contexto prático da área de conhecimento ou do campo profissional em foco com o propósito de levá-lo a analisar tais problemáticas e a buscar soluções.

Bibliografia comentada

Nesta seção, comentamos algumas obras de referência para o estudo dos temas examinados ao longo do livro.

Capítulo 1

Aspectos históricos da psicologia

Conteúdos do capítulo

- Contexto histórico.
- Psicologia científica.
- Psicologia na educação física.
- Psicologia aplicada ao esporte.

Após o estudo deste capítulo, você será capaz de:

1. explicar os aspectos históricos da psicologia;
2. identificar os aspectos psicológicos;
3. compreender a origem das ideias psicológicas;
4. elencar as contribuições da psicologia na educação física;
5. indicar a importância dos aspectos psicológicos no campo da educação física e do esporte.

A psicologia é uma área ligada aos estudos da mente e às relações interpessoais. Nesse sentido, neste capítulo, faremos uma introdução à área da psicologia e suas intersecções com a educação física.

O campo da educação física trata do movimento humano, assim como de seus processos de aprendizagem e desenvolvimento. De acordo com Silva (2014), o movimento humano, quando feito de forma consciente, é considerado objeto de pesquisa da educação física. O autor também defende que qualquer movimento físico que produza representações mentais e intervenção voluntária direta ou indireta deve ser considerado um movimento humano consciente. Ele completa seu raciocínio identificando os movimentos humanos conscientes como objetos de pesquisa, de forma que a prática disciplinar não seja mais o núcleo, mas uma parte dela.

Por meio das análises desses processos é que os profissionais e pesquisadores podem perceber como os indivíduos se relacionam entre si e se comportam diante dos estímulos e das situações.

Para compreender a episteme das duas áreas afins, a psicologia e a educação física, assim como as linhas tênues que existem entre elas, é necessário conhecer determinados contextos históricos em que se desenvolveram, além de compreender as linhas de raciocínio que levaram ao seu desenvolvimento.

Assim, temos cenários diversificados no mundo, que, de certa forma, evoluíram conforme as necessidades da população, dando lugar a novas tendências de estilos de vida. Por isso, é importante reconhecer as quatro dimensões da psicologia na educação física (Mouta; Souza, 2020), que são: a fisiológica ou biológica, a cognitiva, a social e a função do eu. Contudo, essas dimensões não determinam uma formação profissional, mas são o conhecimento básico para que o profissional de educação física possa lidar com os processos cognitivos e psicológicos de seu público em geral.

Com o desenvolvimento do esporte no mundo, foi possível perceber também a grande inovação do campo do movimento humano e das grandes áreas da educação física. Após isso, foram necessários os apoios de outras áreas para subsidiar a prática de esportes de maneira geral. A psicologia foi um dos campos que passou a ter grande importância dentro das diversas dimensões do esporte, tendo em vista a individualidade e os processos cognitivos e psicológicos que estão envolvidos na prática esportiva.

Logo, a intersecção entre a psicologia e a área da educação física é marcada por grandes contribuições e avanços que permitem compreender os processos humanos, tanto aqueles voltados para o movimento quanto aqueles relacionados à educação e ao comportamento do ser humano.

1.1 Contextualização histórica

A psicologia é a ciência que estuda os aspectos psíquicos dos indivíduos e seus comportamentos. Por *comportamento* entende-se as características internas que se manifestam na conduta (Simão, 2010).

Nesse sentido, a psicologia trata de todas as condições e teorias referentes ao comportamento e ao pensamento do ser humano. Mediante seu estudo, é possível compreender as ideias do ser humano, assim como situações previsíveis em condições estressantes ou de harmonia. Portanto, a psicologia é o entendimento da lógica psíquica, que pode ser de origem científica ou, até mesmo, empírica (Bock; Furtado; Teixeira, 2019).

Exemplificando

Para uma melhor compreensão da psicologia e da lógica psíquica, apresentaremos dois exemplos. Primeiramente, imagine que uma pessoa busque compreender o comportamento do outro de forma empírica, ou seja, sem cunho científico; nesse caso, ela utiliza seu conhecimento de vida para desvendar o comportamento do outro. Ainda assim, podemos dizer que essa pessoa está praticando psicologia.

Agora, imaginemos que quem busca a compreensão do comportamento é um cientista ou profissional formado, ou seja, que entende bem das teorias práticas da psicologia científica para realizar seus experimentos e atendimentos clínicos. Nesse caso, o indivíduo também está praticando psicologia, mas de cunho científico.

Conforme é possível perceber, os conhecimentos científicos e de senso comum são importantes para a formação do conhecimento de mundo, e serão mais ou menos importantes dependendo do contexto em que se encontram. Os conhecimentos de senso comum são passados de geração em geração e compõem o conhecimento empírico, essencial para a vida humana.

Assim, os conhecimentos baseados na vivência do sujeito são importantes para as tarefas diárias, embora, muitas vezes, não sejam e não possam ser comprovados cientificamente. Já o conhecimento científico está fundamentado em constructos prováveis e que podem ser reproduzidos cientificamente de um modo controlado.

Portanto, é importante se aprofundar na questão do conhecimento científico, o qual teve sua busca iniciada com os gregos no século IV a.C., quando os cálculos matemáticos já estavam sendo desenvolvidos de forma mais sistemática. Esses conhecimentos são explorados até os dias de hoje e são imprescindíveis para a compreensão dos fenômenos naturais. Eles são criados e transformados ao longo do tempo, baseando-se em novas descobertas e experimentos.

Nesse sentido, na graduação, estudamos os conhecimentos científicos, pois são os que condizem com nosso grau de formação e nível de conhecimento aplicável na prática clínica. Ainda assim, não estão excluídos os demais conhecimentos, de senso comum, mesmos que sejam para provocar o diálogo.

A seguir, apresentaremos os aspectos históricos da psicologia e como ocorreu sua evolução até os dias de hoje. É importante ressaltar que o conhecimento sobre a episteme, ou seja, a ciência do conhecimento que envolve a teoria e a história da profissão, é importante para se entender como foi formada a profissão, assim como quais são as visões e o caminho que ela percorreu até chegar à contemporaneidade.

Primeiramente, é preciso compreender que não existe a *história* da psicologia, mas sim as *histórias* da psicologia, no plural. Isso porque existem várias formas de conceber o campo psicológico. Alguns entendem a psicologia como o estudo da conduta ou do comportamento; já outros a analisam sob o viés da psicanálise, e assim por diante. Dessa maneira, determina-se uma variedade de histórias para o surgimento da psicologia (Jacó-Vilela; Ferreira; Portugal, 2006), entre as quais selecionamos algumas para abordar neste livro.

Segundo Sousa (2018), em alguns mapas históricos, relaciona-se o surgimento da psicologia à filosofia. Esta última está atrelada aos antigos gregos, principalmente aos questionamentos sobre a existência humana feitos por Sócrates. Existem relatos de que os estudos sobre o pensamento humano se iniciaram por volta dos anos 700 a.C. Essas reflexões se voltavam para questões como as concepções sobre o mundo, como as pessoas tinham a capacidade de pensar e como o ser humano se diferenciava dos demais animais, seres irracionais. A Grécia, naquela época, já possuía uma população um tanto desenvolvida e com um grau de civilização um pouco avançado em relação às outras partes do mundo.

Os antigos gregos já se preocupavam com descobertas e riquezas. Nessas buscas, enfrentaram uma sociedade em que prevaleciam os dominantes, que diziam gerir as cidades. Nesse sentido, havia a busca constante por formas de melhorias para a cidade e por soluções para os problemas enfrentados por volta dos anos 700 a.C., que passou a ser cada vez mais avançada. As preocupações estavam voltadas para os aspectos sociais, de moradia e alimentação, assim como para a agricultura e a arquitetura.

Com base nessas preocupações, iniciou-se o desenvolvimento de áreas como a física, a geometria e a política. Uma das classes que mais estavam ligadas ao conhecimento na época eram os filósofos. Esses pensadores questionavam diversas ideias e, por meio de suas análises, muitos conhecimentos científicos e empíricos acabaram se difundindo. Cada um deles tinha seu propósito e, portanto, suas preocupações. Dessa forma, eles direcionavam suas atenções a favor de suas dúvidas e sua essência como cidadãos.

Preste atenção!

Os filósofos gregos foram os primeiros a tentar sistematizar uma psicologia. Por esse motivo, pode-se afirmar que a origem do termo, como o conhecemos, é grega, assim como termos relacionados a várias outras áreas do conhecimento atual. A palavra *psicologia* consiste na união dos termos *psyché*, que significa "alma" e "espírito", e *logos*, que significa "estudo" e "razão". Dessa forma, a psicologia é o estudo ou a ciência da alma ou do espírito humano (Bock; Furtado; Teixeira, 2001).

Os antigos gregos acreditavam que a alma era parte do ser humano, que consistia em sua parte não material, isto é, não palpável. Essa alma estava relacionada ao pensamento e aos sentimentos, como o amor e o ódio, produto de muitas discussões de filósofos como Nietzsche, bastante ligado à psicologia. Como o próprio filósofo bem destacou em seu livro *Ecce homo*, publicado em 1908, "antes de mim, não havia sequer psicologia"

(Nietzsche, 2004, p. 135) – aliás, Nietzsche se autointitulava primeiro psicólogo.

Os filósofos anteriores ao período socrático tentaram explicar a relação que havia entre o homem e o meio ambiente. Eles questionaram primeiramente os materiais: do que eram feitos, como se constituíam e como se transformavam no meio. Essas indagações foram importantes e deram origem a várias teorias que foram contestadas mais tarde (Bock; Furtado; Teixeira, 2019).

Com as ideias de Sócrates, a psicologia passou a se constituir, pois ele foi o filósofo responsável por distinguir o ser humano dos outros seres vivos em virtude de uma característica: a capacidade de raciocínio – e suas ideias são comprovadas até os dias de hoje. Por meio das pesquisas científicas, foi possível compreender a complexidade que envolve os seres humanos e de que forma a espécie evoluiu para se diferenciar dos animais (Bock; Furtado; Teixeira, 2001).

Com base nessas ideias, Sócrates propôs que a parte racional do ser humano o coloca à frente dos outros seres vivos por ele ser capaz de controlar seus instintos, enquanto os animais somente agem pelo impulso destes. Sócrates contribuiu para a história da psicologia com as teorias da consciência, de forma sistematizada e inteligente, as quais prevalecem até os dias atuais (Bock; Furtado; Teixeira, 2001).

Mais tarde, Platão (427 a.C.-347 a.C.) iniciou suas contribuições e se revelou um grande seguidor de Sócrates. Ele buscou explicar a razão do ser humano e tinha a ideia de que a razão estava dentro do corpo humano, afirmando que esta estava presente na cabeça, porque nessa região estava a alma do ser humano. Ele também acreditava que a medula era a parte física responsável por ligar a alma ao corpo do indivíduo; portanto, a alma poderia se separar do corpo. Outro aspecto que ele defendia era que, após a morte, o corpo desaparecia e a alma estava livre para habitar outro corpo (Bock; Furtado; Teixeira, 2019).

Platão defendia que os pensamentos correspondiam à parte imaterial do sujeito, ao passo que o corpo físico correspondia à parte material. Com isso, ele formulou a teoria de que a alma era imortal e constituía parte separada do corpo físico. Nesse sentido, a constituição humana era dualista, ou seja, composta por duas partes distintas e opostas: a alma e o corpo. Em suas proposições, a alma correspondia ao lado bom do homem; já o corpo, ao lado mau, ou a uma parte inferior de sua composição.

Aristóteles (384 a.C.–322 a.C.) foi outro importante filósofo a contribuir com o campo científico. Ele se opunha às ideias de Platão e afirmava que o corpo e a alma faziam parte de um mesmo indivíduo e que eram inseparáveis. Nesse sentido, ele também sustentava que a *psyché* era parte ativa da vida do ser humano. Assim, de acordo com essa perspectiva, tudo o que possui vida também tem alma, a qual é responsável pela alimentação e reprodução dos seres vivos.

Para ele, o homem era diferente dos outros seres vivos por ter uma alma e ela ser formada pelas partes sensitiva e racional. A parte sensitiva estava ligada ao movimento e à percepção do indivíduo em relação ao ambiente externo, enquanto a parte racional era o que tornava o homem um ser pensante. Ainda havia uma outra parte que respondia aos instintos correspondentes às ações voltadas à reprodução e à alimentação. Assim, sua teoria trouxe o conhecimento de que a alma é algo pertencente ao corpo e parte essencial do ser humano (Bock; Furtado; Teixeira, 2001).

Durante a Idade Média, o Império Romano dominou a Grécia, a Europa e o Oriente Médio. Houve também o estabelecimento do cristianismo e crises econômicas importantes. Nesse período, dois filósofos se destacaram com suas ideias: Santo Agostinho (354-430) e São Tomás de Aquino (1225-1274).

Santo Agostinho defendia que a alma era parte independente do corpo e que não era formada apenas pela razão. Para ele, a alma seria também uma manifestação divina do homem. Se a alma era imortal, então estaria ligada à humanidade e à Deus. Já São Tomás de Aquino propunha que a perfeição do homem era atingida por meio de sua busca constante por Deus.

Como a Igreja dominava a população da época, a alma era uma das maiores atenções e preocupações da Igreja, visto que ela detém a sede de pensamento. O papel da Igreja, era, então, controlar as mentes para pensarem em forma de doutrina e não questionarem a existência, o que poderia trazer ideias novas à humanidade.

Posteriormente, com a transição do feudalismo para o capitalismo – época marcada por diversos problemas de origem social e econômica –, surgiram os questionamentos sobre as ideias da Igreja, os quais visavam encontrar respostas concretas para a relação entre Deus e o homem.

Com o início do Renascimento, houve um período de acúmulo de riquezas como consequência de um novo mercado e do desenvolvimento de grandes países, como França e Itália. As revoluções científicas também se instalaram, contribuindo para o desenvolvimento de novos saberes. Os conhecimentos de Copérnico foram importantes para a compreensão de que a Terra não era o centro do universo.

Em meio a tantas mudanças, iniciou-se a criação de regras e métodos para a construção do conhecimento científico. Nesse sentido, o conhecimento passou a ser mais sistemático, assim como é tratado atualmente. O capitalismo dominou o mundo e, consequentemente, houve a busca por matéria-prima e mão de obra, a fim de satisfazer o mercado e seus grandes gerenciadores. Assim, enquanto o capitalismo necessitava aumentar cada vez mais a produção, a racionalidade trouxe ideias opostas, voltadas para os trabalhadores, que muito faziam e pouco ganhavam.

Entre os séculos XVIII e XIX, destacaram-se os pensamentos de Georg Wilhelm Friedrich Hegel (1770-1831) e Charles Darwin (1809-1882). Hegel mostrava a importância de se conhecer a história para se avançar nos conhecimentos, assim como apostava muito no que chamamos hoje de *epistemologia*. Darwin contribuiu cientificamente com a teoria da evolução, a qual mostra como os seres humanos evoluíram. Essas ideias foram parcialmente a favor do antropocentrismo, pois, a partir delas, o homem deixou de ser concebido como o centro do mundo e passou a ser apenas parte dele, constituinte de seus mistérios e dependente deles.

O que é?

O antropocentrismo é a teoria que prega que o homem é o centro do universo. Assim, o ser humano deve ser valorizado, pois ele é quem pode escolher onde quer ficar, aonde quer chegar e o que quer fazer de si. A teoria admite o homem como criatura de Deus, mas o exalta como a figura central do mundo.

1.2 Psicologia científica

A psicologia científica foi impulsionada por movimentos de pensadores ao longo do século XIX. As ideias da época eram voltadas à compreensão do comportamento humano e de seu pensamento. A área foi instaurada na Alemanha por meio de pensadores como Wilhelm Wundt (1832-1920), Max Weber (1864-1920) e Gustav Theodor Fechner (1801-1887). Nos Estados Unidos, também surgiram as primeiras escolas de psicologia, que tinham como objetivo melhorar a economia e o sistema capitalista vigente até então.

Trata-se de uma área que surgiu atrelada à filosofia que estudava a alma. A partir do século XIX, a psicologia passou a ser desvinculada da alma por Wundt. Assim, seu conhecimento passou a ser criado em laboratórios por meio da utilização de metodologias fundamentadas em instrumentos e equipamentos de mensuração. Dessa forma, a psicologia se desvinculou da filosofia e se atrelou à medicina e a seus instrumentos sistemáticos (Araujo, 2009).

Para saber mais

A área científica difere muito do senso comum, pois este é um conhecimento criado e passado ao longo do tempo, sem comprovações, composto apenas por ideias empiristas. Já o conhecimento científico é algo comprovado por pesquisas científicas. Confira no artigo a seguir esses dois tipos de visão e suas concepções.

GERMANO, M. G.; KULESZA, W. A. Ciência e senso comum: entre rupturas e continuidades. **Caderno Brasileiro de Ensino de Física**, v. 27, n. 1, p. 115-135, abr. 2010. Disponível em: <https://periodicos.ufsc.br/index.php/fisica/article/view/2175-7941.2010v27n1p115/12388>. Acesso em: 20 jul. 2022.

As escolas de psicologia deram origem a diversas abordagens voltadas à psicologia científica, muitas das quais perduram até os dias de hoje. As principais são o funcionalismo, o estruturalismo e o associacionismo. O funcionalismo foi criado por William James (1842-1910); o estruturalismo, por Edward Titchener (1867-1927); e o associacionismo, por Edward L. Thorndike (1874-1949).

O **funcionalismo**, criado por William James (1842-1910), originou-se nos Estados Unidos e foi uma das primeiras organizações sistemáticas que surgiram voltadas à área da psicologia. James estabelecia os questionamentos sobre o que os homens faziam e por que o faziam. Assim, suas ideias eram voltadas para as funções exercidas pelos homens e também para suas funcionalidades e finalidades, para eles e para a humanidade. Por meio de seus estudos, buscou-se compreender o funcionamento da consciência humana e as formas com que o homem se adapta ao meio em que vive (Bock; Furtado; Teixeira, 2001).

James ia contra as ideias de Wundt, cujos pensamentos estavam voltados para a funcionalidade das coisas e das ideias do homem. Nesse sentido, a consciência se tornava algo difícil de compreender, pois estaria relacionada a um rol de possibilidades cuja exatidão ou objetividade jamais se poderia descrever.

Com base na teoria da evolução das espécies de Darwin, os psicólogos funcionalistas procuravam fazer da psicologia uma espécie de conhecimento prático. Para tanto, era necessário compreender o processo de adaptação do indivíduo ao meio ambiente, ou seja, como ele se adapta à situação da vida cotidiana. Esse novo interesse da escola funcionalista logo conquistou o respeito e a admiração do público (norte-americano), que percebeu a importância da psicologia na solução dos problemas sociais. Desse modo, a psicologia funcional ganhou destaque, e sua ênfase na aplicabilidade do conhecimento psicológico levou ao surgimento de vários campos profissionais da psicologia, como educação, ciência forense, psicologia clínica e psicologia organizacional – tudo isso para ajudar a sociedade a resolver problemas (Sousa, 2018).

De acordo com Barreto e Morato (2008), ao enfatizar a praticidade, a utilidade e a funcionalidade, encontrou-se um terreno fértil no espírito pragmático norte-americano, acolhedor às ideias evolutivas e seus derivados de atitudes funcionalistas, legitimando o projeto da psicologia funcionalista.

Nesse sentido, também é importante destacar o trabalho extensivo dos funcionalistas em métodos de pesquisa. Embora os estruturalistas usem apenas a introspecção como método, os funcionalistas usam "outras técnicas de obtenção de dados [para complementar os métodos de introspecção]: os testes psicológicos, a pesquisa fisiológica, os questionários e as descrições objetivas do comportamento" (Barreto; Morato, 2008, p. 152). Isso não apenas contribuiu significativamente para a descoberta da psicologia nos fenômenos de aprendizagem, desenvolvimento e personalidade, mas também para o desenvolvimento da psicologia aplicada como uma técnica (Barreto; Morato, 2008).

Essas mudanças trazidas pelo funcionalismo inverteram o papel da psicologia, de maneira que ela deixou de ser uma ciência restrita ao meio acadêmico, passando a integrar os mais diversos contextos sociais, de modo a solucionar o dilema da sociedade norte-americana. Essa inversão possibilitou a expansão do campo da psicologia e abriu várias oportunidades de atuação do psicólogo norte-americano.

Na psicologia científica, o **estruturalismo** foi uma das primeiras escolas de pensamento. Titchener, considerado seu fundador, foi aluno de Wundt em Leipzig (Alemanha). Ao retornar aos Estados Unidos, criou o próprio sistema de psicologia. Para isso, "defendeu a prioridade do estruturalismo por meio de um projeto que considerava tarefa fundamental da Psicologia, isto é, a análise da consciência em seus elementos, na direção de determinar sua estrutura" (Barreto; Morato, 2008, p. 149).

Portanto, o estruturalismo foi uma corrente importante fundada com base nas principais ideias de Wundt, que também foi um grande psicólogo da época, considerado o pai da psicologia moderna. Ele fundou seu primeiro laboratório experimental de psicologia na Alemanha, onde vivia. Essa corrente se manteve por mais de 20 anos e estava relacionada ao papel da percepção sensorial, das funções cerebrais e da aprendizagem durante o desenvolvimento humano. Assim, esse pensador analisava as relações que existiam entre a mente e os estímulos do meio externo por meio do método de **introspecção** (Schultz; Schultz, 2009).

O que é?

O método de introspecção está relacionado à percepção que o indivíduo tem de si mesmo sobre seu interior. Consiste na observação feita de forma treinada, garantindo atenção e registro sistematizado dos fenômenos observados.

Wundt ainda preconizava que, mediante condições experimentais de uma forma sistemática, o observador devia determinar quando se iniciava o processo, estar de prontidão e concentrado, bem como poder repetir a observação várias vezes. Além disso, as condições deviam ser passíveis de manipulação controlada (Schultz; Schultz, 2009).

Nesse contexto, o estruturalismo estava voltado para a estruturação da mente e a funcionalidade das coisas e da consciência. A preocupação principal era analisar os aspectos que compreendiam as estruturas do sistema nervoso central, consideradas responsáveis pela consciência e pelo pensamento (Schultz; Schultz, 2009).

De acordo com Henneman (2002), os psicólogos desse movimento se ocupam em estudar os fenômenos psicológicos por meio de análises e descrições detalhadas da consciência. Dessa forma, adotaram como método de pesquisa a introspecção (processo de auto-observação), o que exigiu um treinamento de longo prazo em laboratório e um controle cuidadoso da atitude de observação e relato. Esse é um dos principais pontos da crítica feita por Titchener ao sistema, pois, conforme afirmam os críticos, a introspecção não é um método seguro para garantir o *status* científico da psicologia. Ora, se uma das características básicas da ciência envolve a objetividade, então o método adotado pelos estruturalistas não pode atender a tal requisito porque é subjetivo, envolvendo relatos subjetivos individuais sobre cada assunto. Além disso, nem todas as descrições fornecidas pelos participantes do experimento estão livres de imprecisões.

De acordo com Schultz e Schultz (2009), mesmo indivíduos do mesmo laboratório, que observam os mesmos materiais de estímulo, diversas vezes não conseguem obter os mesmos resultados de observação. Esse é um dos principais problemas do sistema psicológico desenvolvido por Tichener, que o torna limitado e constitui um pano de fundo favorável para o desenvolvimento de outras escolas de pensamento que possam superar esse problema.

Trata-se de uma ciência pura e não atenta aos problemas práticos do cotidiano, fato que também fez com que o sistema psicológico de Titchener fosse ultrapassado por uma nova escola de psicologia, interessada em aplicar os conhecimentos dessa ciência às dificuldades da sociedade. A despeito disso, a contribuição desse pensador para o desenvolvimento da psicologia como ciência é inegável (Schultz; Schultz, 2009).

O **associacionismo**, a terceira linha no campo da psicologia a ser abordada, foi estabelecida por Thorndike. De acordo com suas ideias, o processo de aprendizagem seria decorrente da associação de ideias, considerando-se o fluxo das mais simples às mais complexas (Schultz; Schultz, 2009). Nesse sentido, essa corrente visava compreender como as ideias se uniam e como era o processo em que elas se tornavam cada vez mais estáveis. A primeira teoria da aprendizagem foi criada com base nesse raciocínio, considerando uma relação de causa-efeito para tal.

Em seus experimentos, Thorndike percebeu que os animais faziam o que ele queria em troca de alimentos ou recompensas. Essa descoberta foi relacionada com o comportamento humano, pois é possível dizer que há algo em comum quando se trata de recompensa (Schultz; Schultz, 2009). Assim, ele descobriu que o comportamento do animal está relacionado com o efeito que seu comportamento gera no ambiente. Para comprovar isso, ele colocou um animal preso em uma caixa, o qual arrumou uma forma de sair dela. Assim, Thorndike também observou quanto tempo o animal levava para sair a cada nova tentativa (Schultz; Schultz, 2009).

Para Thorndike, a aprendizagem estava relacionada à associação de ideias: cada vez que se associava a algo já conhecido, tornava-se mais fácil tomar uma nova atitude ou chegar a uma conclusão. Seguindo essa linha de raciocínio, é mais difícil para a criança aprender um conteúdo mais complexo. Para que isso aconteça, ela precisa compreender ideias simples, associá-las e compreender o conteúdo mais complexo (Schultz; Schultz, 2009).

> **||| Curiosidade**
>
> Você sabia que a lei do efeito aponta que o comportamento tende a se repetir se houver recompensa? E, ao contrário, se houver algum castigo a tendência é não mais se repetir?
>
> Essa lei está relacionada com a aprendizagem, de forma que o organismo compreende a recompensa como um sinal verde, ao passo que o castigo é compreendido como um sinal vermelho, indicando que aquele comportamento deve ser inibido, ou seja, repelido.

Outras teorias além da lei do efeito foram propostas por Thorndike, como a lei do exercício e a lei da maturidade. De acordo com a lei da maturidade, para que a aprendizagem aconteça, o indivíduo deve conseguir estabelecer uma ligação entre os estímulos recebidos e a resposta que ele irá promover.

1.3 Psicologia na educação física

A abordagem da psicologia na educação física é algo relativamente novo, embora tenha sido utilizada de forma informal por muito tempo, visto que os processos psicológicos excedem o poder de nossos pensamentos. Assim, pode-se perceber que o estudo da psicologia dentro do campo da educação física é essencial para a compreensão dos aspectos psicológicos que compõem o indivíduo, possibilitando-o tomar decisões, praticar movimentos e até se tornar algo novo.

Assim, a educação física, por contar com um amplo campo de atuação, necessita ainda mais desse apoio, e pode aproveitar cada vez mais os aspectos de que dispõe o campo da psicologia. No campo do esporte, intensifica-se a busca pelo conhecimento e pela compreensão da atuação profissional e pelas contribuições que a psicologia pode oferecer à educação física.

Singer (1993) aponta que a psicologia pode ser considerada uma subárea na educação física, isto é, uma das grandes dimensões que compõem os estudos da educação física. A psicologia aborda o comportamento dos indivíduos que estão, de certa forma, envolvidos no esporte ou na prática de exercícios físicos. Por esses motivos, é importante compreender a episteme que envolve as duas áreas, a fim de entender a intersecção que há entre elas e as áreas de atuação correlacionadas.

Para saber mais

O campo da psicologia é muito discutido no esporte, tanto que nele há uma área de atuação específica: a psicologia do esporte. Para que se possa discutir essa relação e trabalhar de forma harmônica, sem que uma profissão infrinja a linha da outra, é preciso conhecer as resoluções dos respectivos órgãos responsáveis pela delimitação de cada área. Para isso, leia o artigo a seguir, que apresenta um pouco dessa discussão entre as duas áreas.

RUBIO, K. Da psicologia do esporte que temos à psicologia do esporte que queremos. **Revista Brasileira de Psicologia do Esporte**, São Paulo, v. 1, n. 1, p. 1-13, dez. 2007. Disponível em: <http://pepsic.bvsalud.org/pdf/rbpe/v1n1/v1n1a07.pdf>. Acesso em: 21 jun. 2022.

A concepção de psicologia varia de acordo com os aspectos a serem abordados. Ao longo do tempo, essas concepções também foram mudando, conforme eram pensadas sob diferentes perspectivas e realidades. A psicologia tem sido determinada por metodologias complexas, como o estudo da mente. No entanto, sabemos que a área abrange muitos aspectos além do estudo da mente e pode ser muito mais complexa do que as próprias teorias atualmente existentes.

Nesse sentido, a psicologia pode ser definida, em uma visão mais ampla, como a ciência do comportamento humano, sendo assim capaz de explicar as influências e os aspectos psicológicos que envolvem a educação física. De acordo com Lins (2012), a psicologia e a educação física, apesar de distintas, passaram a apresentar relação por volta dos séculos XIX e XX, quando houve o surgimento da psicanálise, o que possibilitou a compreensão de aspectos relacionados ao corpo humano.

Sigmund Freud (1856-1939) foi um grande pensador do século XIX. Ele introduziu a psicanálise nos estudos da psicologia, de modo que esta passou a apresentar maior relação com áreas afins e, principalmente, com aquelas relacionadas ao movimento humano, como a educação física. É importante ressaltar que, nessa mesma época, aconteceu a Revolução Industrial, juntamente com a imposição do capitalismo, em que o corpo era visto como máquina, ignorando-se seus aspectos psicológicos, ou seja, subjetivos. Assim, a psicanálise marcou o início de novas prospecções fundamentadas nas abordagens psicológicas no campo do corpo humano.

Juntamente com as evoluções dos campos voltados para a individualidade e a subjetividade, a educação física, por meio dos esportes, passou a ser mais difundida. Apesar de o esporte ser somente um dos conteúdos que a educação física abrange, ele, por vezes, acaba se destacando por apresentar modalidades que são usadas como entretenimento, o que o leva a ser mais conhecido e abordado.

Conforme foram evoluindo, as ideias de Freud passaram a fazer maior sentido e a ser relacionadas ao desempenho dos atletas. Observando as transições históricas que já valorizavam o corpo e a alma, como os pensamentos na Grécia Antiga, é possível perceber que o capitalismo e seus adeptos trouxeram, de certa forma, uma regressão aos estudos voltados ao ser humano e sua mente.

Portanto, no contexto do capitalismo, a educação física, por meio dos esportes, foi se destacando mediante a ascensão das competições mundiais. Ao participar de competições, os atletas precisam estar preparados física e psicologicamente. Dessa maneira, os aspectos psicológicos passaram a ganhar visibilidade no campo das competições, a fim de preparar os atletas tanto para a vitória quanto para a derrota. Assim, os psicólogos passaram a fazer parte da equipe de apoio aos competidores e, com isso, criou-se uma nova forma de enfrentar as competições no âmbito profissional, marcadas por muita pressão e esforço.

Além da melhoria das técnicas de treinamento, as competições passaram a abordar outras questões para melhorar o desempenho dos atletas, por meio das concepções da psicologia. Contudo, no Brasil, isso demorou um pouco mais para acontecer, visto que os primeiros registros são de cerca da década de 1970. Somente nessa época é que a psicologia obteve algum destaque no âmbito esportivo, o que pode ser explicado pelo capitalismo tardio no Brasil, se comparado com aos países da Europa.

Reiterando, por ser uma ciência que trata do comportamento humano, a psicologia pôde ser relacionada à educação física, o que auxilia no complemento do treinamento do atleta, que, como já mencionado, necessita estar preparado física e mentalmente para obter os resultados que deseja. Nesse âmbito, a psicologia passou a integrar o campo do desenvolvimento e do crescimento humano, assim como os aspectos relacionados à educação, como a aprendizagem, e à prática de esportes.

Assim, os componentes curriculares dos cursos de Educação Física passaram a abordar os aspectos e as fundamentações teóricas que envolvem o desenvolvimento humano, as conexões de aprendizagem e os demais fatores relacionados à psicologia. Outra conexão entre as duas áreas é a contribuição que a psicologia oferece aos professores de Educação Física, no sentido de ampará-los no que se refere ao trabalho em sala de aula no ensino básico. Dessa forma, é essencial que os profissionais tenham consciência e subsídios para trabalhar aspectos da psicologia com seus alunos. No ensino superior, a formação do professor de Educação

Física deve abordar todos esses aspectos, visto que eles serão responsáveis pela formação de cidadãos para o mundo, independentemente da carreira que forem escolher no futuro.

As discussões sobre os processos de ensino continuam a questionar algumas condições. A literatura põe em questão a praticidade e a funcionalidade dada ao tipo de ensino em que o aluno aprende a repetir as ações, de forma que, ao final, consiga realizá-las, mas apenas como uma forma de repetição. Caldeira (2001), por exemplo, questiona esse método, em que o papel do professor passa a ser de técnico e executor de decisões tomadas pelos especialistas. Essas condições retiram a autonomia profissional e custam caro à população, que recebe um ensino baseado apenas na funcionalidade.

Assim, as contribuições da psicologia abrangem toda a área da educação física, de forma a fornecer subsídios para o desenvolvimento das ações do profissional e a compreensão dos processos de movimento, desenvolvimento e aprendizagem humana.

A psicologia se torna, então, importante para a formação de todo profissional de Educação Física, docente ou não. Essa inserção promove a criação de espaço e tempo para a construção do conhecimento, além de práticas de saberes e a observação das crenças do profissional de educação física, considerando-se as condições e a realidade de seu público (Iaochite et al., 2004).

Exercício resolvido

A psicologia passou a ter grande importância no campo da educação física ao longo dos anos. Com relação a essa história de desenvolvimento, analise as afirmações a seguir e assinale V para as verdadeiras e F para as falsas.

( ) A psicologia passou a ser importante para a compreensão dos processos cognitivos e de desenvolvimento dos alunos nas escolas.

( ) No ensino superior, a abordagem psicológica no currículo da graduação proporcionou melhor formação apenas para o educador físico docente.

( ) A psicologia contribuiu para o esporte, visto que foi estimulada a prática do profissional no âmbito esportivo, a fim de dar suporte aos atletas.

Agora, assinale a alternativa que apresenta a sequência correta:

a) V, V, F.
b) V, F, V.
c) F, F, F.
d) V, F, V.
e) V, V, V.

Gabarito: B

Feedback **do exercício:** A psicologia se tornou importante para a compreensão dos processos cognitivos e de desenvolvimento dos indivíduos. Ela passou a integrar a prática dos profissionais de educação física no âmbito escolar, oferecendo subsídios para a compreensão de seus alunos de forma integral. No ensino superior, a abordagem psicológica no currículo da graduação proporcionou melhor formação tanto para o educador físico docente quanto para o profissional que atua na prática clínica. Assim, a psicologia passou a contribuir com todas as áreas, de acordo com as necessidades de cada uma. No esporte, contribuiu para a prática do profissional no âmbito esportivo, a fim de dar suporte aos atletas – suporte que passou a ser parte integrante do melhor desempenho destes.

1.4 Psicologia aplicada ao esporte

A **psicologia do esporte e do exercício** é o estudo de cunho científico que relaciona as pessoas e os comportamentos em diversos contextos. Assim, os profissionais da área atuam de forma a aplicar os princípios e as diretrizes propostos na área, promovendo benefícios aos praticantes de atividade física e/ou esportes (Gill; Williams, 2008).

O que é?

A psicologia do esporte e do exercício estuda os processos que envolvem o comportamento humano em atividades esportivas ou em atividades físicas em geral. Essa ciência aplica os conhecimentos metodológicos, práticos e teóricos da psicologia para compreender e identificar os processos dos indivíduos.

No Brasil, a psicologia do esporte é considerada um ramo emergente da psicologia, sendo discutida tanto nos cursos de graduação quanto em conferências científicas de psicologia. Assim, diante do percurso histórico dessa nova área da psicologia, percebe-se uma semelhança com o desenvolvimento da psicologia geral (Vieira et al., 2010).

Logo, a psicologia do esporte e do exercício se configura como o estudo científico do comportamento dos indivíduos nas práticas esportivas e atividades físicas, bem como a aplicação desse estudo, que é de suma importância para compreender que essa área é um dos campos de intervenção do profissional de psicologia, que abrange conceitos da psicologia e das ciências dos esportes, além de ser uma disciplina acadêmico-científica (Weinberg; Gould, 2017).

Dessa forma, é possível afirmar que a psicologia e as ciências do esportes têm como ramo a psicologia do esporte e do exercício, sendo esse um campo profissional para ambas as áreas, que têm um olhar para os esportes e os exercícios físicos proveniente de uma concepção psicológica.

Portanto, os profissionais de psicologia que atuam na área dos esportes devem ter uma boa formação dos conteúdos da psicologia geral, além de conteúdos que são específicos do esporte e do exercício físico, para, dessa maneira, serem capazes de relacionar ambas as áreas. Assim, de acordo com Vieira et al. (2010, p. 392), "o psicólogo esportivo deve trabalhar com atenção e rigor científico na prática esportiva para não convertê-la em uma Psicologia que simplifica todos os fenômenos do esporte".

Os campos do conhecimento da psicologia que se associam aos do esporte são importantes linhas de pensamento para a compreensão do profissional sobre os processos estudados, que estão voltados ao entendimento dos aspectos psicológicos do desenvolvimento, do movimento, da personalidade e da fisiologia do ser humano. Confira, na Figura 1.1, a descrição dos itens relacionados às áreas de estudo da psicologia e da ciência do esporte.

Figura 1.1 Relação da psicologia do esporte e do exercício com a ciência do esporte

Domínio de conhecimentos da ciência do esporte	Domínio de conhecimentos da psicologia
Biomecânica	Psicopatologia
Fisiologia do exercício	Psicologia clínica
Desenvolvimento motor	Psicologia para aconselhamento
Aprendizagem e controle motores	Psicologia do desenvolvimento
Medicina do esporte	Psicologia experimental
Pedagogia do esporte	Psicologia da personalidade
Sociologia do esporte	Psicologia fisiológica

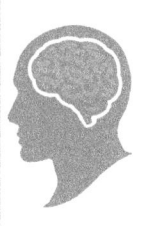

Fonte: Weinberg; Gould, 2017, p. 6.

A psicologia do esporte e do exercício, no que se refere à construção do conhecimento, está relacionada ao crescimento profissional e ao desenvolvimento de pesquisas científicas. O profissional fará uso desses conhecimentos desenvolvidos em sua prática combinando as melhores práticas às melhores teorias, a fim de oferecer o melhor atendimento na área clínica.

Assim, a prática do conhecimento científico promove a abordagem ativa do profissional e o conhecimento para a comunidade acadêmica. Nesse contexto, os estudos devem ser desenvolvidos em todos os ambientes em que a educação física se desenvolve, como no esporte, na sala de aula, nas atividades de lazer e nas atividades físicas.

Sabe-se que, para o desenvolvimento de estudos científicos, é necessário conhecer o estado da arte do tema a ser pesquisado. Além disso, é importante que o pesquisador tenha em mente as limitações e os prós da área em foco.

Com a psicanálise, a psicologia começou a emergir nos conceitos e conhecimentos de mundo. Assim, passou a abordar os estudos sobre as atividades desportivas e as concepções que abordavam os aspectos mentais. Os eventos da época, como as guerras e os conflitos, reduziram a amplitude dos avanços da psicologia naquele contexto, visto que as atenções estavam direcionadas aos eventos que aconteciam (Vieira et al., 2010).

Alguns esportes já eram praticados na Grécia Antiga, onde também foi instaurada a psicologia esportiva. Como mencionamos, filósofos como Platão e Aristóteles já traziam algumas indagações sobre as funções motoras do movimento e os conceitos voltados ao corpo e à alma do ser humano (Vieira et al., 2010).

Para saber mais

Os esportes na Grécia Antiga já contavam com algumas modalidades que conhecemos nos dias atuais. Entre elas, podemos citar as corridas a pé, as corridas de carro, o pentatlo (combinação entre salto, lançamento de disco e dardo, corrida e luta) e as lutas. Os jogos olímpicos abarcaram outras modalidades, como o hipismo, que era uma das práticas comuns naquela época. Para saber mais sobre esses esportes e suas curiosidades, acesse o *link* a seguir.

FERNANDES, C. Modalidades esportivas das Olimpíadas da Grécia Antiga. **História do mundo**. Disponível em: <https://www.historiadomundo.com.br/grega/esportesexolimpicos.htm>. Acesso em: 21 jul. 2022.

Dessa forma, a psicologia passou a fazer parte do esporte, e os países que a adotavam pareciam apresentar maiores conhecimentos sobre seus atletas, além de um maior rendimento no esporte. Os países que demoraram mais na aceitação e na implantação da psicologia do esporte enfrentam até hoje os resultados e o atraso que essa condição ocasionou. Atualmente, os países mais desenvolvidos é que mantêm o maior potencial de conhecimento e também o melhor desempenho de seus atletas (Vieira et al., 2010).

O surgimento da psicologia do esporte na Alemanha e nos Estados Unidos trouxe os primeiros psicólogos da área, como Avksentii Puni e Piotr Rudick, que foram uns dos primeiros a desenvolver suas atividades no Instituto de Cultura Física na União Soviética. Da mesma forma, Schulte Sippel passou a atender no Instituto de Educação Física de Leipzig, na Alemanha. Em Berlim, foi publicado o primeiro livro voltado ao estudo do corpo e da alma, chamado *Corpo e Alma no desporto: uma introdução à psicologia do exercício físico*, de autoria de Sippel (Vieira et al., 2010).

Coleman Griffith (1893-1966) ficou conhecido como o pai da psicologia do esporte, pois ele foi o primeiro a criar um laboratório relacionado à área, na Universidade de Illinois, em 1925. Ele se direcionava para os estudos dos elementos psicológicos que estavam relacionados ao rendimento esportivo. Assim, em seus estudos, ele pesquisava sobre a aprendizagem, as habilidades motoras e a personalidade dos indivíduos. Ele criou alguns testes para avaliar essas variáveis e também foi o primeiro professor universitário a oferecer o curso de Psicologia do Esporte.

Esse grande avanço proporcionado por Griffith marcou o início do período em que a psicologia do esporte se tornou uma área praticada e pesquisada. Isso aconteceu entre 1920 e 1940, época em que também foram iniciados os primeiros trabalhos voltados para a preparação psicológica no âmbito olímpico na Tchecoslováquia (Vieira et al., 2010).

No contexto brasileiro, as tecnologias fundamentadas na psicologia do esporte tardaram, o que provavelmente ocasionou certo atraso em relação a outras nações. No entanto, os esportes que primeiro abraçaram essa área se apresentam mais estabelecidos que os que não apostaram inicialmente nessa prática. Entre as primeiras modalidades a adotarem essa prática no Brasil estão o voleibol, o futebol e a natação. Assim, percebe-se hoje maior evolução dessas categorias esportivas em relação às demais.

No Brasil, a psicologia do esporte foi implantada de forma mais sistematizada apenas em 1979. Nesse mesmo ano, foi fundada a Sociedade Brasileira de Psicologia do Esporte, da Atividade Física e da Recreação (Sobrape). Ainda assim, o Brasil é considerado um líder nessa área na América Latina. Isso pode ser percebido pela grande quantidade de trabalhos científicos realizados na área se comparado com outros países. É importante ressaltar que há também uma maior quantidade de laboratórios concentrados na região Sul do país, de modo que se pode inferir que é a região em que mais se concentra a produção de conhecimento dessa área (Vieira et al., 2010).

Para saber mais

A Associação Brasileira de Psicologia do Esporte (Abrapesp) é uma entidade que promove eventos científicos e debate os assuntos mais recentes na área. Para saber um pouco mais sobre essa associação, acesse o *site* a seguir.

ABRAPESP – Associação Brasileira de Psicologia do Esporte. Disponível em: <https://www.abrapesp.org.br/>. Acesso em: 21 jul. 2022.

A psicologia do esporte conta com algumas definições distintas e ainda questionáveis, em razão de ser uma área relativamente nova. Para Singer (1993), ela está relacionada ao grupo de ações voltadas a investigações, consultoria clínica, educação e atividades práticas programadas. O autor afirma que o objetivo desse campo está pautado no conhecimento, na explicação e na influência do comportamento dos atletas visando seu alto rendimento.

Já Weinberg e Gould (2017) acreditam que a psicologia do esporte é a área em que o estudo científico está associado ao conhecimento das pessoas e de seus comportamentos durante a prática das atividades esportivas e físicas. Nessa perspectiva, a área visa compreender essas linhas de pensamento e aplicar o conhecimento para a prática voltada aos atletas e praticantes de atividades físicas.

Exercício resolvido

A história da psicologia do esporte teve sua origem nas necessidades de novas tecnologias nas áreas do esporte e da ciência do esporte. Nesse sentido, foram criados testes e métodos de avaliação que permitiram compreender um pouco mais as individualidades do ser humano, assim como as razões para seu comportamento e aprendizado. Com relação a essa história de desenvolvimento, analise as afirmações a seguir e assinale V para as verdadeiras e F para as falsas.

( ) A história da psicologia dos esportes se iniciou com os esportes que já aconteciam desde a Grécia Antiga.

( ) As contribuições de Freud foram indiferentes para o surgimento dessa nova área da ciência.

( ) Os países pioneiros na implementação dessa nova ciência demonstram, atualmente, maior desenvolvimento no âmbito esportivo.

( ) Coleman Griffith foi o pai da psicologia do esporte, pois foi o primeiro a utilizar seus métodos no esporte. Ele era esportista e pôde ver na prática as teorias que desenvolvia.

Agora, assinale a alternativa que apresenta a sequência correta:

a) V, V, F, V.
b) F, F, V, V.
c) F, F, V, F.
d) V, F, V, F.
e) F, F, F, F.

Gabarito: C

Feedback do exercício: A história da psicologia do esporte foi iniciada por Coleman Griffith. Esse psicólogo e professor promoveu grande desenvolvimento da psicologia do esporte, tornando-se o pai da psicologia do esporte. As contribuições de Freud foram extremamente importantes para a psicologia do esporte, pois ele deu início aos trabalhos voltados ao estudo do corpo e do comportamento humano, objetos de estudo também da psicologia do esporte. Os países que iniciaram a implantação dessa ciência puderam se desenvolver melhor, quando comparados a nações como o Brasil, que tardou na implantação e sofre até hoje as consequências disso.

1.4.1 Definições da psicologia aplicada ao esporte e suas áreas de atuação

A psicologia do esporte está atrelada à antropologia, à filosofia e à sociologia, formando a chamada *ciência do esporte*. Envolvida no início por aspectos mais biológicos, hoje a psicologia do esporte vem se especializando e atuando em situações que envolvem motivação, personalidade, agressividade e violência, liderança, dinâmica de grupo, bem-estar dos atletas, além de ser caracterizada como espaço que reúne e completa os enfoques sociais, educacionais e clínicos (Rubio, 1999).

Segundo Rubio (1999), a psicologia, como profissão e ciência, vem ampliando seus horizontes, entrando em espaços antes exclusivos de outras profissões. Isso se explica pela relação existente entre as áreas, que permite um trabalho multidisciplinar, sem, no entanto, que cada profissional perca suas particularidades. No caso dos esportes, essa dinâmica se repete, pois desde o surgimento da psicologia do esporte se criou um espectro chamado *ciência do esporte*, composto por áreas como antropologia, filosofia e sociologia do esporte, no que tange ao campo sociocultural, além de campos como a medicina, a fisiologia e a biomecânica do esporte.

No entanto, essa tendência interdisciplinar não significa "prática interdisciplinar", pois as subáreas coexistem quando se somam, resultando nas ciências do esporte, sendo classificadas por Bracht (1995) como *multidisciplinares*.

Essa amplitude de definições está diretamente relacionada à multifuncionalidade do campo da psicologia, pela qual é possível explicar inúmeros fenômenos quando relacionada à pesquisa científica. O objetivo nessa área é, principalmente, promover melhorias na prática esportiva, assim como o melhor desempenho dos atletas e a aceleração dos processos de recuperação de lesões. Essa área também pode estar associada à profissionalização dos psicólogos, ou seja, à especialização mediante o estudo dessa ciência e sua aplicação na prática (Vieira et al., 2010).

Dessa forma, a psicologia do esporte está relacionada à sua área-mãe, a psicologia, à ciência do esporte e ao esporte. Essas intersecções são importantes para compreendermos as limitações nos tipos de estudos e de explicações para os devidos fenômenos. A psicologia do esporte é uma área ampla e que está voltada para o atendimento no âmbito profissional e científico dos fenômenos que envolvem os aspectos psicológicos no esporte e na ciência do esporte (Vieira et al., 2010).

Seus conhecimentos são fundamentados nos fenômenos observados no esporte e suas práticas atuam de forma a aprimorar cada vez mais a área da ciência do esporte e do esporte em si. Diante do contexto e da evolução dessa área, é possível perceber seu grande avanço nas últimas décadas, em decorrência da maior demanda e do acompanhamento das evoluções tecnológicas (Vieira et al., 2010).

Figura 1.2 Relação entre as áreas de psicologia e ciência

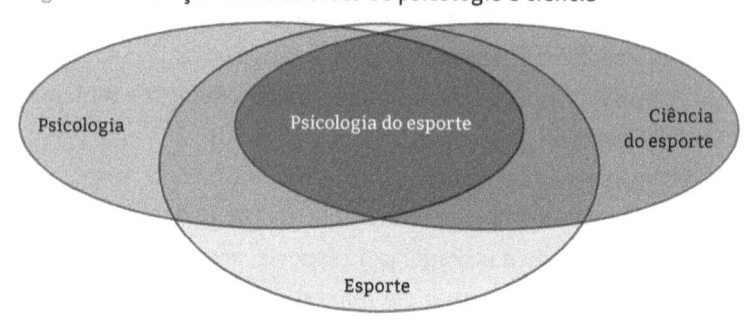

[Diagrama de Venn: Psicologia, Psicologia do esporte, Ciência do esporte, Esporte]

Fonte: Vieira et al., 2010, p. 392.

Os segmentos de atuação da psicologia do esporte estão relacionados a todos aqueles que envolvem o esporte, sendo que todas as áreas podem ser, de certa forma, relacionadas à psicologia, visto que se referem ao ser humano e seu comportamento.

De acordo com Rubio (1999), dada a diversidade de atividades, os profissionais que atuam na psicologia do esporte também necessitam de uma ampliação em sua formação e seu treinamento. Além de conhecimento específico de psicologia – como saber utilizar equipamentos de diagnóstico e modelo de intervenção –, é esperado que os profissionais tenham uma gama de conhecimento sobre o universo do atleta, individualmente, como os conceitos de fisiologia anatômica e biomecânica – que é algo específico do esporte –, e também sobre modalidades e regras esportivas das dinâmicas de grupos.

No campo de preparação dos atletas, a psicologia do esporte contribui para que haja evolução das atividades motoras e dos estudos sobre as personalidades destes, de forma a aprimorar todo o processo, promovendo seu melhor desempenho. Assim, o profissional da área pode atuar visando programas de treinamento específicos para os esportistas, agindo nas fragilidades de cada um e atuando de forma específica para o fortalecimento tanto no plano individual quanto no coletivo.

Embora a psicologia do esporte já seja utilizada há bastante tempo, suas discussões são recentes e os assuntos que a abordam têm sido mais frequentes desde o século XX. No Primeiro Congresso Mundial de Psicologia do Esporte, que aconteceu em Roma, em 1965, foram abordadas as primeiras temáticas internacionais sobre o tema, o que resultou no surgimento de novos conceitos e métodos que abordam o assunto e a prática da área. É importante ressaltar que, com a promoção desses eventos, o conhecimento passou a ser difundido nas práticas clínica e científica. Na atualidade, os temas de maior repercussão nesses eventos têm sido: imagem corporal, *performance*, motivação, ansiedade, emoções, habilidades psicológicas e mentais, competição, atividade física/exercício físico e saúde, qualidade de vida e bem-estar psicológico, controle motor, construção/validação de questionário, entre outros.

Tendo em vista os temas citados nos eventos e na literatura da área, percebe-se a grande diversidade e complexidade dos assuntos tratados na psicologia do esporte. Logo, é possível identificar também a amplitude de temas e especificidades que podem ser observados nessa temática. Essa é uma das áreas que comporta grande quantidade de estudos científicos por ainda apresentar muitos fenômenos e teorias refutáveis e por ser um dos campos que possui e tende a possuir maior demanda.

De acordo com Weinberg e Gould (2017), as áreas de atuação do psicólogo do esporte podem ser divididas em três segmentos:

ensino, pesquisa e intervenção. Na atuação direcionada ao ensino, o profissional objetiva difundir conhecimentos e habilidades técnicas esportivas. Para alcançar esse objetivo, o docente deve desenvolver habilidades e deter conhecimentos na área da psicologia para melhor entender como se dá o comportamento humano no campo dos esportes. Com relação à atuação em pesquisa, o profissional pesquisador deve trabalhar com métodos que servem como diagnósticos para mensurar as características psicológicas dos indivíduos, fazer avaliações esportivas e desenvolver medidas de intervenção psicológica para auxiliar nos treinamentos e nas competições. Por fim, na atuação com a intervenção psicológica, o profissional atua com psicodiagnósticos, programas de treinamento mental, além de fornecer conselhos e acompanhamento, sendo esse o papel do profissional como consultor.

De forma ilustrativa, são apresentados, na Figura 1.3, os campos de atuação do psicólogo do esporte.

Figura 1.3 Campos de atuação profissional do psicólogo do esporte

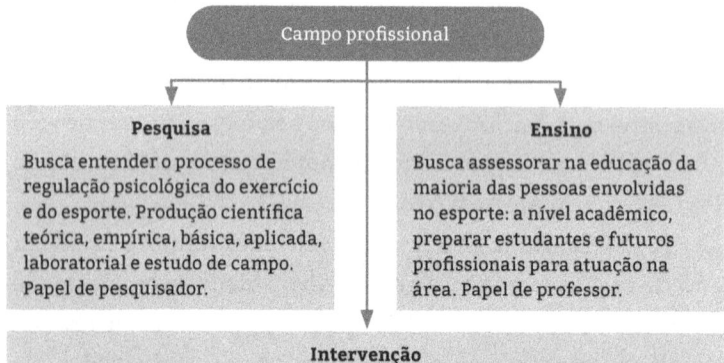

Campo profissional

Pesquisa	Ensino
Busca entender o processo de regulação psicológica do exercício e do esporte. Produção científica teórica, empírica, básica, aplicada, laboratorial e estudo de campo. Papel de pesquisador.	Busca assessorar na educação da maioria das pessoas envolvidas no esporte: a nível acadêmico, preparar estudantes e futuros profissionais para atuação na área. Papel de professor.

Intervenção
Busca através do conhecimento e competência desenvolver duas funções:
a) diagnosticar e avaliar (detecção de talentos, testes de cognição e habilidades sensório-motoras e evolução das necessidades dos participantes);
b) através da intervenção conduzir de forma cooperativa com outras pessoas da área, aconselhar ou atuar como consultor em situações de problemas especiais. Papel de consultor.

Fonte: Vieira et al., 2010, p. 397.

Rubio (2000), por sua vez, ressalta que o campo de atuação do psicólogo do esporte é extenso. Embora a área esteja particularmente vinculada aos profissionais com formação em Psicologia, outros profissionais podem atuar e ocupar tais cargos, desde que tenham preparação e conhecimentos específicos necessários para ocupar a função, como é o caso do profissional formado em Educação Física.

Abordando um pouco mais o papel dos psicólogos do esporte, Riera (1985) e Miracle (1992) apresentam a mesma visão: o profissional deve ter uma função claramente definida, como fornecer aconselhamento, fazer notificação, ensinar e ser agente de transformação. Portanto, os psicólogos do esporte são responsáveis por esclarecer, para treinadores, gerentes, atletas e outros participantes da equipe de esportes e exercícios físicos, os princípios de orientação para o desenvolvimento humano.

Por fim, Araújo (2002) pontua que profissionais que atuam na psicologia do esporte devem se empenhar em sua intervenção para elevar o desempenho dos atletas, por meio de aconselhamentos e reabilitação de lesões, de maneira a promover o exercício físico e o melhoramento de sua saúde. Outro ponto da atuação do psicólogo do esporte que precisa ser enfatizado é a comunicação entre esse profissional e a equipe esportiva. Nesse sentido, a linguagem cotidiana de treinadores e atletas é norteada pelos termos técnicos específicos de cada modalidade; portanto, o psicólogo deve buscar esse conhecimento para não encontrar grande resistência dos praticantes de esportes e exercícios físicos.

Exercício resolvido

As áreas de atuação da psicologia do esporte são amplas e variadas, dependendo do que se quer observar e do fenômeno-base. Com relação a isso, analise as afirmações a seguir e assinale V para as verdadeiras e F para as falsas.

( ) A psicologia do esporte consiste na intersecção entre a ciência do esporte, o esporte e a psicologia.
( ) A psicologia do esporte pode estar focada na subárea relacionada ao comportamento e ao desempenho no esporte.
( ) São áreas relacionadas e que se encontram no âmbito dos estudos da psicologia do esporte: bem-estar psicológico, competição e motivação.

Agora, assinale a alternativa que apresenta a sequência correta:

a) V, V, V.
b) F, F, V.
c) F, V, F.
d) V, F, V.
e) F, F, F.

Gabarito: A

***Feedback* do exercício**: A psicologia do esporte é a área que relaciona esporte, psicologia e ciência do esporte. Consiste, assim, em um campo que trata dos fenômenos abrangentes dentro das outras três áreas. A psicologia do esporte pode estar focada em diversas de suas áreas, entre elas a do comportamento e a do desempenho no esporte. São exemplos de áreas relacionadas à psicologia do esporte: bem-estar psicológico, competição, motivação, controle motor, saúde e atividade ou exercício físico.

Síntese

- A psicologia estuda os aspectos psíquicos que envolvem os indivíduos. Assim, dentro da área da psicologia existem diversas subáreas que tratam de todos os aspectos que envolvem o ser humano.

- O início das preocupações relacionadas aos estudos da psicologia ocorreu com a necessidade de explicar e compreender o comportamento, a aprendizagem e o movimento humanos.
- O contexto e a historicidade da psicologia são fundamentados nos pensamentos dos filósofos gregos pré-socráticos e em Sócrates, Platão e Aristóteles. Esses foram grandes pensadores que introduziram as ideias sobre a alma e o corpo.
- Após a transição do feudalismo para o capitalismo, o homem voltou a ser objeto de estudo diante das grandes demandas de serviço. Assim, o lado emocional e humano voltou a ser tratado no campo da filosofia.
- Com a evolução do pensamento humano, o homem deixou de ser o centro do universo (fim do antropocentrismo), o que ocasionou a busca pelas riquezas e pelo poder.
- As escolas científicas da psicologia foram inicialmente baseadas no funcionalismo, no estruturalismo e no associacionismo. Essas teorias começaram a explicar as ações humanas por meio de padrões prontos, o que hoje se sabe ser diferente.
- A psicologia ocupa uma área importante da educação física, tendo em vista sua evolução no campo esportivo e a necessidade de abordagens relacionadas aos aspectos psicológicos da educação física.
- A psicologia do esporte passou a ser uma ferramenta para a melhora do desempenho e o aprimoramento do esporte como um todo.
- A psicologia do esporte foi implantada primeiramente nos países desenvolvidos, os quais puderam perceber grandes melhorias no esporte.

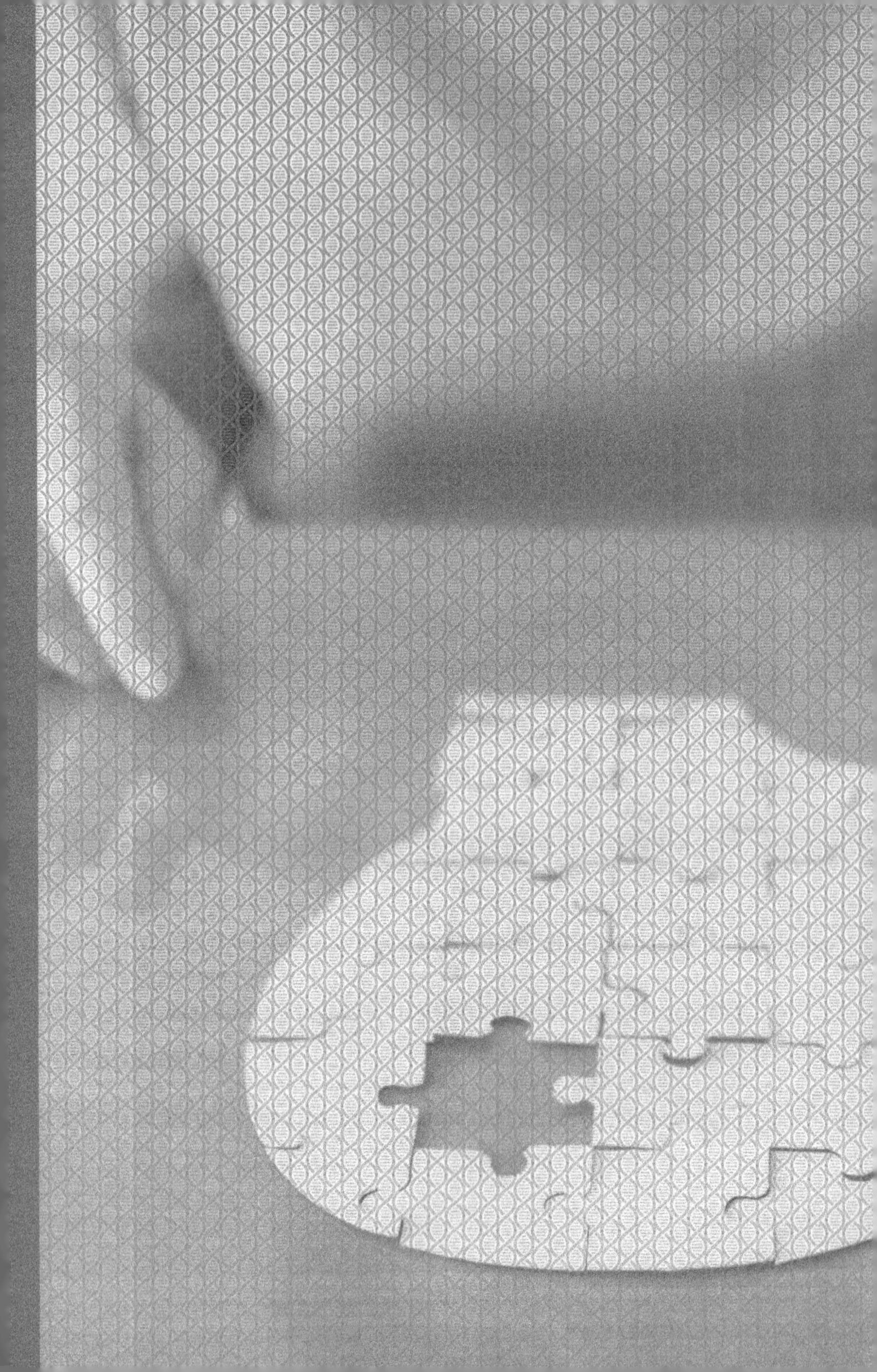

Capítulo 2

Teorias de psicologia do século XX

Conteúdos do capítulo
- Introdução às teorias de psicologia do século XX.
- Behaviorismo.
- Gestalt.
- Psicanálise.
- Contribuições do behaviorismo, da Gestalt e da psicanálise na compreensão do comportamento humano.

Após o estudo deste capítulo, você será capaz de:
1. identificar as teorias de psicologia do século XX;
2. compreender os aspectos relacionados a essas teorias;
3. reconhecer as abordagens históricas relacionadas a essas teorias;
4. analisar as contribuições de cada teoria para a psicologia;
5. entender a importância dessas teorias e da aplicação de seus aspectos na compreensão do comportamento humano.

A psicologia utiliza várias teorias para a compreensão de seu objeto de estudo, aqui tratado como o comportamento humano. Essas teorias explicam os comportamentos por meio da contribuição dos elementos cognitivos, conscientes e inconscientes, do ser humano. Com base nessa formação, é possível desmistificar conhecimentos e passar a desvendar e compreender os verdadeiros pensamentos e as explicações para o comportamento humano tendo em vista os estímulos do mundo.

É importante ressaltar que as principais teorias do século XX foram essenciais para o avanço que temos atualmente no campo da psicologia e na terapia. Essas concepções são importantes para se compreender quais são os sentimentos que estão por trás de cada ação e do comportamento do ser humano.

Nesse sentido, a seguir abordamos os aspectos que envolvem a psicologia baseada na teoria behaviorista, derivada do funcionalismo, que traz implicações sobre o início do estudo do comportamento humano.

O behaviorismo marcou a história dos estudos em psicologia como uma forma de compreender o comportamento em sua totalidade, considerando-se as relações entre indivíduo e ambiente. Assim, com base nessa teoria e na explicação dessas relações, é possível apresentar alguns exemplos do dia a dia.

A psicologia Gestalt também foi importante para o início dos estudos baseados na consistência teórica, de forma a afirmar os fenômenos psicológicos sob a ótica da psicofísica de Ernst Mach (1838-1916) e Christian von Ehrenfels (1856-1932). Essa teoria visa desvendar as sensações que estão relacionadas ao espaço e à forma das coisas de uma maneira mais sistematizada.

Já a psicanálise apresenta uma visão sobre os mundos consciente e inconsciente relacionando os componentes psíquicos com os eventos e explicando a funcionalidade deles. Essa é uma teoria que ainda está em crescimento e que foi bem instituída por Sigmund Freud.

As contribuições dessas teorias trouxeram ideias importantes para o ramo da psicologia, bem como no que se refere à compreensão do comportamento humano e seu desenvolvimento no mundo.

2.1 Introdução às principais teorias da psicologia

A psicologia é entendida por alguns autores como um ramo da filosofia que se preocupa em estudar a mente, como mencionamos no capítulo anterior. Assim, ela está atrelada ao campo da filosofia como base, mas se dedica aos assuntos relacionados à mente, ao pensamento e ao comportamento das pessoas.

Como ressaltado, com Wilhelm Wundt, a psicologia ganhou forma científica e foi sistematizada no que se refere a suas proposições. Esse tipo de conhecimento passou, então, a ser construído no âmbito laboratorial, em que mais se observava o comportamento com relação aos eventos (Schultz; Schultz, 2009).

Com base nessa visão sistematizada, a psicologia, por ter raízes na filosofia, passou a ser uma ciência de observação e mensuração. Nesse contexto, ela começou a se desprender da filosofia e se associar às ciências médicas, que ofereciam maiores explicações e especificações com relação aos seus eventos.

A psicologia foi construída com base em três escolas básicas, mencionadas anteriormente: o associacionismo, o estruturalismo e o funcionalismo (Schultz; Schultz, 2009). No entanto, ao longo do século XX, essas teorias foram sobrepostas por novas teorias e ideias, as quais serão comentadas neste capítulo.

Uma dessas teorias foi o behaviorismo, que nasceu com John B. Watson e se desenvolveu em grande parte nos Estados Unidos. Seu surgimento é fruto da crítica ao funcionalismo e ao estruturalismo. De acordo com Sousa (2018), essa escola de pensamento deixou para trás o estudo da consciência e dos processos mentais para se dedicar ao estudo do comportamento, dando um novo conceito à psicologia, divergente do apresentado pela tradição filosófica, que era fundamentado no estudo da alma.

Outra teoria, a Gestalt, nasceu na Europa e foi enfrentada como uma negação do processo de fragmentação das ações e dos processos humanos. Assim, suas tendências estavam atreladas à psicologia científica do século XIX e visava compreender o homem em sua totalidade, ou seja, integrando o corpo, a alma e o comportamento. Essa teoria é a que está mais ligada às ideias da filosofia.

Já a psicanálise surgiu na Áustria, com Freud, e está atrelada à prática médica. A psicologia entra nesse campo trazendo a importância da afetividade e do inconsciente como forma de estudo. Trata-se de uma teoria que trabalha com a ideia de que a psicologia está baseada na consciência e na razão (Sousa, 2018).

A partir de agora, serão apresentadas essas teorias um pouco mais a fundo, com exemplos para facilitar a compreensão da implicação de cada uma delas na prática atual da educação física, da psicologia do esporte e do exercício físico.

2.2 Behaviorismo

O behaviorismo, também conhecido como o *estudo do comportamento*, foi inaugurado por John B. Watson (1878-1958) em um artigo publicado em 1913, intitulado "Psicologia: como os behavioristas a veem", o qual criticava as escolas anteriores (estruturalismo e funcionalismo) e tinha como primeiro objeto de rejeição a consciência e os métodos usados para estudá-la. Assim, teve sua base na teoria da evolução de Darwin, na objetividade e no mecanismo de aprendizagem de Edward L. Thorndike e no reflexo condicionado de Pavlov (Barreto; Morato, 2008).

O funcionalismo ajudou a psicologia a alcançar o reconhecimento como ciência aplicada no campo social, não restringindo-a mais apenas ao campo de conhecimento acadêmico ou intelectual de especialistas, de modo que ela se estendeu aos problemas práticos da vida diária, criando-se, assim, um novo método de psicologia (Sousa, 2018).

Ainda assim, em virtude da vulnerabilidade em relação ao objeto de pesquisa dos funcionalistas, que faziam da psicologia uma espécie de ciência objetiva, o behaviorismo superou o funcionalismo. Esse desenvolvimento ocorreu em virtude de suas implicações práticas, necessárias ao contexto da época. Essa teoria foi importante para definir o fato psicológico de uma forma concreta, como não se via anteriormente. Além disso, passou-se a ter a noção de comportamento, de onde vem a palavra inglesa *behavior* (Schultz; Schultz, 2009). O comportamento é o objeto de estudo dessa teoria, bem como a análise do comportamento e a análise experimental do comportamento.

Na visão de Watson, para tornar a psicologia uma ciência real, era preciso romper a relação com a tradição filosófica; para isso, seria necessário desistir da subjetividade na introspecção, pois isso nada tem a ver com psicologia científica. Dessa forma, Watson abandonou todos os conceitos ideais, como sentimento, mente e consciência, e enfatizou que o objeto de pesquisa da psicologia é o comportamento observável. Nessa perspectiva, deve-se utilizar a observação como método de pesquisa, com ou sem equipamento, método de teste, método de relatório oral e método de condicionamento. Watson assumiu o comportamento como objeto da psicologia, o qual deu à ciência a consistência que os psicólogos da época buscavam, isto é, um objeto observável e mensurável cujo experimento pode ser copiado em diferentes condições e temas. Em outras palavras, o que ele queria alcançar era uma psicologia livre de conceitos transcendentais ou metafísicos – como alma, mente ou consciência –, capazes de prever e controlar o comportamento.

Para Watson, o comportamento era algo "estudável" e apresentava a consistência que vinha sendo buscada para explicar os fenômenos. Logo, o comportamento era algo observável, mensurável e que podia ser experimentado mediante estudos observacionais e intervencionistas. Dessa forma, a psicologia científica alcançou importantes explicações por meio da observação do comportamento humano (Goodwin, 2005).

Paralelamente, a psicologia passou a ser considerada uma área científica, desmembrando-se das tradições filosóficas que tanto questionavam, mas não podiam dar respostas e nada podiam explicar. É importante lembrar que Watson também era um entusiasta do funcionalismo e, com isso, acreditava que o estudo do comportamento trazia a explicação para a funcionalidade de várias coisas. Como já dito, as teorias se complementam e acabam se transformando ao longo dos anos, considerando-se novos pensamentos e ideias (Schultz; Schultz, 2009).

Exemplificando

Os estímulos do ambiente ou das outras pessoas podem gerar determinadas respostas, as quais estão relacionadas às formas com que as pessoas se organizam no ambiente e como o veem. Assim, as respostas ou os comportamentos diante de diversos estímulo podem ser modulados de acordo com os hábitos.

Embora Watson colocasse o comportamento como objeto de estudo de sua teoria, esse conceito foi se modificando ao longo do tempo. Na visão atual, o comportamento não é definido pela ação isolada do indivíduo, e sim por uma interação entre o que o sujeito faz e o ambiente em que ele está inserido. Nesse sentido, o behaviorismo consiste no estudo das respostas humanas diante dos estímulos, considerando-se o contexto do sujeito. A importância dessa teoria está na integração que acontece entre o indivíduo e o ambiente de forma simultânea (Goodwin, 2005).

Assim, ao longo dos anos, os pesquisadores encontraram os termos *resposta* e *estímulo* para nomear aquilo que o organismo faz e aquilo que as variáveis ambientais promovem sobre o sujeito, respectivamente. Duas razões explicam a adoção desses termos: de um lado, a razão metodológica explica que os experimentos sobre comportamento passaram a ser o referencial para a investigação, razão por que este passou a ser um método experimental e analítico; de outro lado, a razão histórica explica que os termos se popularizaram conforme eram mantidos e acabaram sendo adotados em razão de sua generalização (Schultz; Schultz, 2009).

Nessa vertente, o comportamento é compreendido como a interação entre o indivíduo e o ambiente – classificado como comportamento reflexo ou respondente. É, portanto, a unidade básica que descreve o ponto de partida da ciência do comportamento. O homem é estudado a partir de sua interação com o ambiente e passa a ser tomado como produto e produtor das interações citadas (Schultz; Schultz, 2009). Como mostra a Figura 2.1, o comportamento respondente está associado à relação entre a resposta e o estímulo, enquanto o comportamento operante está mais relacionado à interação que acontece entre o sujeito e o ambiente. Para que ocorra essa interação, é necessária a relação fundamental, que aborda a ação do indivíduo e suas consequências. Chamamos de *fundamental* porque o organismo se comporta de determinada forma diante da retroação de seu ato. Assim, podemos inferir se há a probabilidade de essa ação ser desempenhada novamente ou não.

Figura 2.1 Relação entre indivíduo e meio e entre estímulo e resposta

| Indivíduo | ⟷ | Meio |
| Estímulo | ⟷ | Resposta |

Exercício resolvido

O behaviorismo é uma das teorias psicológicas que trata do estudo do comportamento humano. As ideias dessa corrente foram umas das primeiras a se estabelecer após as concepções do associacionismo, do funcionalismo e do estruturalismo. Com relação ao behaviorismo, analise as afirmações a seguir e assinale V para as verdadeiras e F para as falsas.

( ) O behaviorismo estuda as respostas do ambiente aos estímulos do ser humano.

( ) As ideias do behaviorismo revelam que o comportamento é um objeto de estudo e que, por meio dele, é possível explicar os fenômenos.

( ) No behaviorismo, o comportamento é compreendido como uma interação entre indivíduo e ambiente.

Agora, assinale a alternativa que apresenta a sequência correta:

a) V, V, F.
b) F, F, V.
c) F, V, V.
d) V, F, V.
e) F, F, F.

Gabarito: C

***Feedback* do exercício:** O behaviorismo estuda as respostas do ser humano aos estímulos do ambiente externo, de acordo com o contexto do indivíduo. As ideias do behaviorismo estão em consonância com o comportamento do ser humano, que é objeto de estudo dessa corrente. Com base nele, é possível explicar os fenômenos psicológicos. Além disso, nessa vertente, o comportamento é considerado uma relação entre o indivíduo e o ambiente.

O behaviorismo influenciou e influencia muitos psicólogos em vários países, como Estados Unidos e Brasil. Essa teoria ficou conhecida como *behaviorismo radical*, que denomina a filosofia da ciência do comportamento, na qual este é analisado mediante experimentos. Assim, por meio do comportamento, a teoria analisa o indivíduo e suas interfaces, assim como suas relações com o meio externo (Schultz; Schultz, 2009).

A base da corrente behaviorista está na formação do **comportamento operante**, o qual abrange a amplitude da atividade humana. Assim, em sua análise, são levados em conta os atos mais simples, desde o bebê até o adulto. Ou seja, são consideradas todas as formas de evolução e o comportamento em cada etapa da vida (Sousa, 2018).

O que é?

O comportamento operante inclui toda a atividade humana, desde os movimentos que o organismo produz até o efeito ou movimento que ele gera em algo ao seu redor. Assim, o comportamento operante está relacionado à forma como nos movimentamos e somos capazes de mudar o mundo, tanto de forma direta quanto indireta.

As leis comportamentais foram criadas com base em observações científicas provenientes de animais, como no clássico exemplo de observação do comportamento dos ratos em laboratório. Em um desses casos, a experiência foi realizada colocando-se um rato na "caixa de Skinner", que é fechada e só tem uma barra. Ao ser apertada, a barra derrubava uma gota de água dentro da caixa. O rato esbarrou na barra acidentalmente, o que fez com que a gota de água caísse. Assim, esperava-se que, a partir daquele momento, o rato passasse a pressionar a barra mais vezes (Schultz; Schultz, 2009).

Nesse contexto, o comportamento operante leva à ação em razão do estímulo do ambiente. Assim, a aprendizagem dos comportamentos está diretamente relacionada ao efeito que o meio reproduz sobre a ação ou o comportamento do indivíduo. A satisfação da necessidade humana está relacionada à ação provocada e também ao efeito reproduzido sobre o ambiente. Assim, a resposta leva ao estímulo e, dessa forma, podemos dizer que há também o **estímulo reforçador**, que é aquele que estimula o indivíduo a repetir ou não repetir determinada ação, como a de pressionar a barra, citada no exemplo da experiência com o rato.

O ser humano opera sobre o mundo de acordo com as respostas e consequências de seus atos, as quais representam as variáveis mais importantes no que se refere à teoria do comportamento, pois elas ditam a prevalência das ações. Assim, se pensarmos em aprender algum instrumento musical, tenderemos a tocar para ouvir o som de forma harmônica.

O reforço está relacionado à consequência das ações. Assim, esse reforço pode ser considerado de duas formas: positivo e negativo, como mostra a Figura 2.2. O reforço positivo está associado às experiências positivas, em que o indivíduo se sente estimulado a repetir suas ações em virtude das consequências positivas percebidas. Já o reforço negativo está relacionado a experiências negativas, em que o evento ou resposta estimula o aumento da probabilidade de que aquele estímulo aconteça novamente, a fim de remover ou atenuar a resposta.

Figura 2.2 Relações entre reforço positivo e reforço negativo

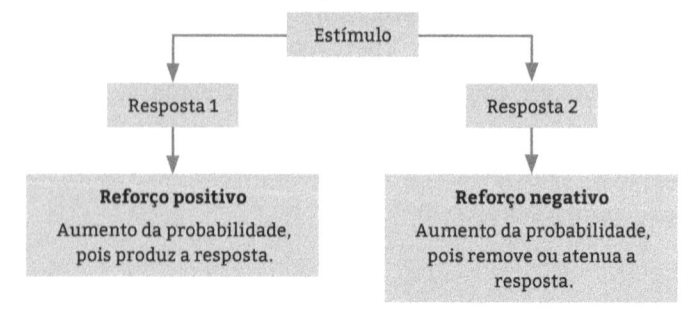

```
                    ┌──── Estímulo ────┐
                    ▼                   ▼
               Resposta 1          Resposta 2
                    ▼                   ▼
           Reforço positivo     Reforço negativo
         Aumento da probabilidade,  Aumento da probabilidade,
          pois produz a resposta.   pois remove ou atenua a
                                          resposta.
```

Assim, voltando ao caso da caixa de Skinner, se o rato levasse choques quando encostasse no fundo da caixa e, quando pressionasse a barra, esse choque parasse, a tendência seria de que, após várias tentativas para evitar o choque, fossem geradas respostas mais rápidas e com maior pressão ao pressionar a barra. Esse é um exemplo de reforço negativo, em que há o reforço tanto das respostas quanto da frequência com que elas são produzidas. Podemos dizer que há certo condicionamento relacionado à aprendizagem e ao reforço negativo, que faz com que haja o aumento da frequência do estímulo para que se alcance determinada resposta ou efeito (Bock; Furtado; Teixeira, 2019).

O reforço positivo acontece quando a resposta oferece algo ao organismo, como um sistema de recompensas. Enquanto isso, o negativo promove a resposta de retirada de algo que não foi desejado, como o choque no piso da caixa. No entanto, não podemos definir um efeito como reforçador antes que aconteça e seja analisado. A função de reforçar está ligada ao evento ambiental e, portanto, pode ser definida apenas por sua função sobre o comportamento do indivíduo. A dor na coluna também pode ser considerada um esforço negativo, pois seu estímulo pode fazer com que o sujeito reduza os movimentos a fim de diminuir os desconfortos causados por essa resposta.

É importante ressaltar que o reforço é algo individual, ou seja, nem todo reforço ocorre da mesma forma para todos. Isso acontece em razão das experiências individuais, que geram uma perspectiva singular sobre cada situação. Os reforços podem ser também divididos em primários e secundários. Os reforços primários estão relacionados às funções básicas e às necessidades da espécie, como água, alimento e afeto. Já os reforços secundários são aqueles que, quando pareados com os primários, reproduzem resultados importantes para o indivíduo. A associação desses reforços é denominada **reforço generalizado**, e ela garante outras satisfações, como dinheiro e aprovação social.

No que se refere ao reforço negativo, podemos citar dois processos: a esquiva e a fuga. Além deles, outro processo associado a esse tipo de reforço é a tentativa de resolução para uma resposta não esperada. A esquiva é a condição em que os estímulos aversivos se condicionam em determinado período de tempo. Nesse caso, o indivíduo age de forma a prevenir a ocorrência ou reduzir aquela resposta não esperada. Por exemplo, quando, ao ir ao dentista, ouvimos o barulho da broca, o que geralmente desperta medo de dor no dente, levando-nos a segurar fortemente a cadeira ou a desviar o rosto.

Os estímulos de aversão normalmente são precedidos de estímulos iniciais e secundários. Assim, diante da ocorrência do primeiro, já se presume a presença do segundo e se realiza a esquiva. O estímulo inicial é considerado um reforço negativo e a ação reduz aquela resposta por meio do condicionamento operante. Essas ocorrências de reforços negativos também são grandes responsáveis pela resposta de esquiva (Viotto Filho; Ponce; Almeida, 2009).

Durante a **esquiva**, o estímulo inicial provoca um comportamento que também é reforçado pela necessidade do indivíduo de reduzir ou evitar aquele segundo estímulo. Dessa forma, quando o sujeito vê um raio, por exemplo, ele tende a se proteger manifestando o comportamento de tapar os ouvidos para reduzir o barulho que virá em seguida.

A **fuga** é um processo semelhante ao de esquiva, com a diferença de que o comportamento é reforçado durante o estímulo aversivo. Por exemplo, um sujeito exibe a resposta de fuga durante o estímulo de dor ao pisar em uma fogueira com brasa quente. A diferença entre esses dois processos seria basicamente a temporalidade: na esquiva, há dois estímulos, sendo que o primeiro se reduz ou cessa o segundo; já na fuga, o indivíduo exibe a resposta durante o estímulo único. Assim, considera-se que não dá para evitar o estímulo aversivo, embora seja possível fugir dele após ter sido iniciado.

Com base nessas ideias básicas, outras foram se formando ao longo dos estudos, como a extinção e a punição. A **extinção** está pautada na análise experimental do comportamento e consiste no procedimento ao qual a resposta deixa de ser reforçada, ou seja, passa a ser extinta. Assim, obtemos como resultado a redução da resposta e da frequência ou, até mesmo, a cessação da resposta de forma abrupta. O tempo gasto para que essa resposta deixe de existir dependerá de fatores como o histórico, que envolve o evento e o valor dado pelo indivíduo em sua subjetividade. Nesse contexto, quando um garoto paquera uma garota e deixa de olhá-la, por exemplo, ela tenderá a entender isso como uma desistência, podendo deixar de olhá-lo de volta.

A **punição** é outro comportamento relacionado à consequência da resposta. Assim, quando há um estímulo aversivo ou a remoção de um estímulo positivo, acontece a punição. A literatura aponta que a supressão do comportamento é definitiva quando a resposta em forma de punição é intensa. Assim, a punição de determinadas ações leva à supressão da resposta de forma temporária ou duradoura. Porém, isso pode não alterar a motivação para determinadas ações (Viotto Filho; Ponce; Almeida, 2009).

Nesse sentido, os behavioristas debatem se há validade de procedimento na punição e se ela realmente reduz a frequência das respostas. Essas práticas foram questionadas no âmbito da educação, quando se punia os alunos por seus atos com castigos como ajoelhar no milho e levar palmadas nas mãos. Os behavioristas propuseram a mudança desse tipo de estímulo punitivo para a instalação de comportamentos que eram desejáveis. Assim, passou-se a mudar a concepção de que a punição era a solução para reduzir ações inadequadas no ambiente escolar. Ainda hoje, continuam sendo implantadas formas de desenvolver esses comportamentos desejáveis.

Exemplificando

A punição ainda está presente no trânsito, em que somos punidos por comportamentos inadequados enquanto dirigimos, por exemplo. Contudo, considerando-se as condições em que se comete infrações de trânsito, as punições não levam à redução de comportamentos inadequados, e sim estimula os comportamentos de esquiva e fuga. Essas são ideias de mudanças para que, talvez, possa ser implantado o estímulo a novos comportamentos por meio de incentivo ao comportamento esperado, similar ao que aconteceu na educação ao longo dos tempos (Bock; Furtado; Teixeira, 2019).

O controle dos estímulos tem gerado uma grande discussão, pois não podemos controlar completamente o ambiente em que vivemos. Nossas ações geram respostas no ambiente, mas não é possível que controlemos todas elas, como em um estudo de laboratório, no qual é possível controlar a temperatura, a pressão do ar, a umidade, entre outros fatores. A discriminação dos estímulos acontece quando, na presença de um estímulo, tende-se a extinguir o outro. Por exemplo, quando um motorista de ônibus para o veículo no sinal vermelho, isso ocorre porque o semáforo é um estímulo discriminativo da ação de parar o veículo.

A generalização dos estímulos consiste no controle que uma resposta a esse estímulo exerce diante do reforço de um estímulo similar, ou seja, podemos entender que, se os semáforos tivessem cores parecidas, como o vermelho e o rosa, por exemplo, poderíamos ter problemas no trânsito, em virtude de as duas cores expressarem ideias parecidas. É importante compreender que a generalização está contida no universo escolar e que a assimilação de conceitos é beneficiada por essa ideia. Assim, podemos aprender os conceitos básicos, como contar e escrever, e, posteriormente, associar esses conhecimentos aos do dia a dia, como receber um troco ou escrever uma carta.

Os conceitos do behaviorismo são aplicados em diversas áreas. Além da educação, trata-se de uma corrente presente em todo o ensino do movimento humano, objeto de estudo também da educação física. Assim, desde as tarefas escolares até o esporte, o behaviorismo pode ser empregado como teoria psicológica relacionada à área da educação física. Outras áreas em crescimento são: treinamento de empresas, ambiente em que há a ginástica laboral, também pertencente ao campo da educação física; clínica psicológica; publicidade; e educação de crianças no geral.

De acordo com Skinner (1982), o comportamento de um indivíduo é controlado mais pela genética e pelo ambiente do que por ele mesmo. Assim, não há como provar que o comportamento é determinado pelo indivíduo, mas talvez pela sua acumulação, dependendo do ponto em que acontece. Assim, o próprio comportamento também é algo que nos controla, tendo em vista a forma como o organismo reage aos estímulos. Por meio da ciência e da tecnologia, o ser humano influi em diversas condições do meio ambiente e na própria espécie. Ele consegue compreender melhor os processos e também passa a prever eventos (a meteorologia, por exemplo) e explicar os existentes.

Assim, podemos afirmar que as atitudes de dominação do homem estão ligadas às questões do comportamento, em que ele tenta se controlar, bem como controlar os outros e o ambiente (natureza). Além disso, vários dos processos são inerentes ao controle humano, como a respiração e o nascimento de uma nova árvore. Assim, vivemos em um mundo dualista, em que parte das coisas está sob nosso controle e o restante é controlado pelos fatores aos quais estamos submetidos. Há também o contracontrole, que é exercido por grandes ou pequenos poderes que incidem sobre o ser humano, que não se esquiva do comportamento (Skinner, 1982).

> **O que é?**

O contracontrole está relacionado à reação do indivíduo diante do controle. Assim, ele escapa do controlador, do órgão de saúde, do outro, da religião, e assim por diante. Em outras palavras, o contracontrole está relacionado àquele que se opõe ao controle ou ao controlador.

O controle é exibido pelos grandes órgãos e instituições que exercem poder sobre nós. Um exemplo é a Organização Mundial de Saúde (OMS), que informa o quanto devemos nos exercitar, como e quando. Nesse sentido, de certa forma, estamos sujeitos às ordens de outros, mesmo que nem sempre as obedeçamos. Outro exemplo são as leis, que definem o que podemos ou não fazer em determinados lugares; caso não sigamos as regras definidas por elas, recebemos determinadas punições (Skinner, 1982).

2.3 Gestalt

A Gestalt é uma escola de psicologia que teve origem na Alemanha. Foi fundada por Max Wertheimer (1880-1943), Kurt Koffka (1886-1941) e Wolfgang Köhler (1887-1967), os quais também estudaram os aspectos psicofísicos e relacionaram teorias anteriores à percepção relacionada à forma. Eles construíram, assim, a teoria psicológica, cujos estudos abordam a percepção e a sensação do movimento. Esses pensamentos, denominados *gestaltistas*, buscam compreender quais processos psicológicos estão relacionados à **ilusão de ótica** (Schultz; Schultz, 2009).

O que é?

O termo *Gestalt* (proveniente do alemão) se refere à "forma" ou à "configuração", como um padrão a ser compreendido. No entanto, não há uma palavra similar em português que possa traduzi-lo com exatidão.

A Gestalt é ainda uma escola de pensamento contrária aos pensamentos das escolas anteriores, principalmente ao behaviorismo. No entanto, é possível identificar algumas semelhanças entre as escolas Gestalt e behaviorista, principalmente pelo interesse em comum na experiência consciente. Contudo, de acordo com Sousa (2018), no método Gestalt, a experiência consciente é diferente do método de Wundt e Tichener porque está centrada na versão moderna da fenomenologia.

De maneira geral, a psicologia da Gestalt acredita que o todo é maior do que a soma de suas partes, o que significa que, para um psicólogo dessa linha, uma pessoa deve ser considerada em sua totalidade (visão holística). A percepção é um dos pontos principais, se não o mais relevante nas pesquisas dessa escola. Alguns psicólogos realizaram pesquisas em animais para tentar verificar o processo de aprendizagem, fundamentados na percepção de determinada situação. De acordo com Bock, Furtado e Teixeira (2001), a percepção pessoal é importante para a compreensão do comportamento humano.

Dessa forma, a Gestalt é o oposto do behaviorismo de Watson, pois acredita que não se pode estudar de forma isolada o comportamento, como uma unidade simples de estímulo e resposta. Bock, Furtado e Teixeira (2001, p. 60) ressaltam que na "visão dos gestaltistas, o comportamento deveria ser estudado nos seus aspectos mais globais, levando em consideração as condições que alteram a percepção do estímulo". Em síntese, o comportamento é determinado pela forma como os indivíduos percebem as coisas. Os autores afirmam ainda que, normalmente, nossos comportamentos estão intimamente relacionados à estimulação física, mas, por vezes, são completamente diferentes do que era esperado, pois a compreensão do ambiente é divergente de sua realidade (Bock; Furtado; Teixeira, 2001).

Essa linha da psicologia é uma das tendências teóricas mais coerentes entre as disponíveis na história da área. Seus criadores e incentivadores estavam preocupados em construir algo que fosse consistente e tivesse uma base metodológica importante. Nesse sentido, procuraram formas de desenvolver métodos para compreender os fenômenos psicológicos, assim como mensurá-los a partir do ser humano (Schultz; Schultz, 2009). Por isso, a Gestalt conta com grande consistência teórica.

O que é?

A *ilusão de ótica* consiste no estímulo físico e na percepção do sujeito de uma forma diferente daquela em que a forma é apresentada. Assim, como o próprio nome diz, condiz com algo diferente daquilo que realmente se tem na realidade. Como exemplo podemos citar aquelas imagens pintadas que parecem degraus perfeitamente em relevo. Eles apresentam algo que não é a realidade, visto que esta seria apenas a superfície em branco. Entretanto, na ótica de quem a vê, a escada tem profundidade e altura, como um objeto de verdade.

A percepção é, portanto, o objeto de estudo da Gestalt. Os experimentos abordando a percepção trouxeram questionamentos relacionados aos princípios implícitos da teoria behaviorista, que acredita na relação de causa e efeito entre o estímulo e a resposta. Para os gestaltistas, o estímulo do meio gera uma resposta do indivíduo, e isso está associado ao processo de percepção. Os aspectos que o indivíduo percebe e a forma como percebe são importantes para entender como funciona o comportamento humano (Schultz; Schultz, 2009).

Importante!

As diferenças entre Gestalt e behaviorismo estão dispostas na forma como cada teoria se posiciona em relação ao objeto de estudo da psicologia: o comportamento.

O behaviorismo está preocupado com a objetividade. Assim, analisa o comportamento considerando a relação estímulo-resposta, procurando isolar o estímulo que reproduz uma resposta esperada e deixando de lado os conteúdos relativos à consciência, pois é impossível controlar tais fatos (Schultz; Schultz, 2009). Já a Gestalt critica essa abordagem, pois considera que, se o comportamento for estudado de maneira isolada, em sua amplitude, poderá perder o significado e o sentido que tem na psicologia.

Sob a ótica gestaltista, o estudo do comportamento está relacionado aos aspectos globais, devendo-se levar em conta as condições que podem alterar a percepção vinda do estímulo. Essas ideias se justificam pelo fato de que, na teoria do isomorfismo, a unidade do universo sempre está associada ao todo, mesmo que estudada em parte. A compreensão sobre a percepção está relacionada a fenômenos de fechamento, simetria e regularidade das formas e, consequentemente, dos outros pontos que compõem o objeto, mesmo que não estejam sendo vistos.

A Gestalt explica, mediante esses fenômenos, as formas de compreensão do comportamento humano, utilizando várias percepções fundamentadas em diversas formas de ver em ângulos diferentes. Assim, o comportamento do indivíduo é dependente da forma como ele enxerga o mundo. Os comportamentos também estão bastante relacionados aos estímulos físicos e à realidade em que estamos inseridos (Sousa, 2018).

Exemplificando

É comum a situação em que cumprimentamos alguém a certa distância e, quando chegamos perto da pessoa, percebamos que ela somente é parecida com alguém que conhecemos. Essa percepção leva ao comportamento de cumprimentar, mas também leva ao entendimento de que houve um erro. Esse fato revela o quanto o ambiente pode interferir em nossos comportamentos e na forma de percepção.

De acordo com a Gestalt, quando não há equilíbrio, simetria, estabilidade e simplicidade nos elementos de percepção, é possível que não alcancemos uma boa forma. Assim, se temos de compreender elementos, devemos guardar seus aspectos básicos, de forma que seja possível decodificá-los e, assim, ter uma percepção de boa forma. Ao olhar para uma figura, por exemplo, podemos vê-la de diferentes perspectivas. Isso depende de como nossa percepção é aguçada e do que estamos mais dispostos a enxergar.

O conjunto de estímulos que determinam o comportamento é conhecido como *meio*, o qual pode ser dividido em dois tipos: geográfico e comportamental. O **meio geográfico** é o meio físico, ao passo que o **meio comportamental** consiste na interação entre meio físico e indivíduo. Para isso, são considerados os termos *equilíbrio*, *simetria*, *estabilidade* e *simplicidade*, mencionados anteriormente, para compreender a percepção do indivíduo.

Exemplificando

Voltando ao exemplo de quando cumprimentamos alguém que não conhecemos, se tivéssemos acesso ao meio geográfico, talvez fosse possível perceber o engano. Assim, no momento que acontece o equívoco, estamos suscetíveis ao trânsito em movimento, por exemplo, o que faz com que nos enganemos no reconhecimento da pessoa. Assim, o comportamento é resultado da percepção formada com base no meio comportamental.

A semelhança entre as pessoas também pode ter levado ao engano. Essa semelhança diz respeito à tendência de juntar os elementos, conhecida como *força do campo psicológico*, em que se une algo conhecido com o que está sendo visto. O campo psicológico é a área que nos leva a procurar sempre a boa forma. Ele é dado como um campo eletromagnético, em que acontece a tendência a buscar a melhor forma para as situações que podem parecer não estruturadas.

Nesse campo, podemos observar alguns princípios, os quais explicam nossos comportamentos ao interpretar imagens (Figura 2.3), por exemplo. Os princípios são: proximidade, semelhança e fechamento. A proximidade faz com que agrupemos os elementos que se encontram mais próximos nas figuras. Já a semelhança nos leva a agrupar os elementos semelhantes. Por fim, no fechamento, podemos imaginar que os traços formam um triângulo.

Figura 2.3 Proposição entre as figuras segundo a teoria e seus princípios

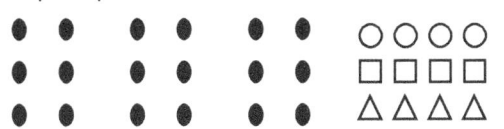

Fonte: Bock; Furtado; Teixeira, 2001, p. 63.

Na primeira imagem, a tendência é unirmos as duas primeiras colunas, formando um conjunto, de modo que podemos visualizar três conjuntos. Já na segunda imagem, a tendência é unir os desenhos em linhas, considerando-se a forma de cada um. Por fim, na terceira imagem, a tendência é fechar as linhas em um triângulo.

A palavra *insight* define a Gestalt como algo "mais importante", ou parte importante de algo. Assim, a psicologia da Gestalt percebe a aprendizagem como uma relação entre o todo e a parte, em que o todo se torna importante para compreender uma unidade dele, por exemplo; diferentemente das teorias do associacionismo e do behaviorismo, em que se acredita que aprendemos quando estabelecemos relações, da forma mais simples para a mais complexa (Goodwin, 2005).

Logo, é possível afirmar que, nas teorias da Gestalt, existe um resgate do conceito de consciência, justamente o que os behavioristas buscaram afastar da psicologia; sendo assim, a psicologia Gestalt é caracterizada como o estudo da percepção.

Exercício resolvido

A teoria da Gestalt é o meio de investigação psicológica que influi em técnicas mais sistematizadas e concretas. Nesse meio, procura-se entender um pouco mais sobre a percepção do indivíduo. Com relação a essa teoria, analise as afirmações a seguir e assinale V para as verdadeiras e F para as falsas.

( ) As contribuições de Ernst e de Christian estão voltadas aos pensamentos e sentimentos dos indivíduos de uma forma subjetiva.

( ) As contribuições de Wertheimer, Köhler e Koffka estão voltadas aos estudos das formas e de suas relações com a percepção.

( ) A percepção estudada nessa teoria veio da teoria behaviorista; assim, os conteúdos implícitos do ser humano denominavam a percepção.

Agora, assinale a alternativa que apresenta a sequência correta:

a) V, V, F.
b) V, F, V.
c) F, V, V.
d) V, F, V.
e) F, F, F.

Gabarito: C

***Feedback* do exercício:** As contribuições de Ernst e Christian estão voltadas à compreensão das sensações e das relações entre tempo e espaço. Wertheimer, Köhler e Koffka buscam explicar a percepção e a sensação por meio das formas e pela ilusão de ótica. As ideias implícitas nessa teoria estão fundamentadas na teoria behaviorista; com base nela, passou-se a estudar a percepção.

2.4 Psicanálise

Sigmund Freud (1856-1939), conhecido ainda hoje como o pai da psicanálise, foi o idealizador dessa corrente, assim como da teoria da personalidade. A psicologia de Freud apresenta teorias científicas explicadas pelas condições da vida social, relacionadas aos aspectos econômicos, políticos e culturais.

Freud era médico em Viena e tinha como fundamento a forma psíquica de ver a vida. Suas contribuições foram bastante importantes para a história e a evolução dos pensamentos humanos. Ele trouxe o mistério e as fantasias para o meio científico como objetos de estudo.

Foi o idealizador de diversas teorias, das quais muitas se transformaram em livros. Algumas das mais influentes são: *Estudos sobre a histeria* (1893); *A interpretação dos sonhos* (1890); *Sobre a psicopatologia cotidiana* (1901); *Três ensaios sobre a sexualidade* (1905); *Os chistes e sua relação com o inconsciente* (1905); *Duas histórias clínicas: o pequeno Hans e o homem dos ratos* (1909); *Totem e tabu* (1913); *O ego e o id* (1923); *Moisés e o monoteísmo* (1939); *O mal-estar na civilização* (1930); e *O futuro de uma ilusão* (1927) (Freud, 2022).

Para saber mais

Freud foi um grande pensador. Sua história de vida é conturbada, em razão da época em que viveu e das condições históricas e socioeconômicas daquela época. Ele foi marcado por trazer novas ideias, algo que gerou certo preconceito por parte da população, principalmente a parcela mais poderosa. O filme norte-americano *Freud, além da alma*, dirigido por John Huston, apresenta uma biografia desse grande pensador em forma de romance. O filme apresenta a caminhada de Freud durante sua carreira, além de contextualizar suas ideias com os acontecimentos da época.

FREUD, além da alma. Direção: John Huston. EUA: Versátil, 1962. 140 min.

A investigação dos termos fundamentados na subjetividade levou Freud a criar a psicanálise. Assim, ela foi desenvolvida como uma teoria de investigação e como um meio de prática clínica. Sob a ótica teórica, a psicanálise une os conhecimentos sistematizados sobre o funcionalismo psíquico. Já como forma de investigação, ela é considerada um meio de interpretação, em que se busca o significado implícito do que vem manifestado nas ações e palavras dos indivíduos. Assim, como prática profissional, a psicanálise visa ao tratamento ou à análise do autoconhecimento, buscando a cura e a solução para determinadas situações.

A clínica de psicanálise apresenta conceitos que envolvem o analista e o analisado, e é por meio dos vínculos criados entre eles que o trabalho de análise tem sustentação (Santos et al., 2017). O vínculo não é algo novo na psicanálise, Freud já explicava a grande importância dos vínculos primários, que são aqueles criados entre as mães e seus filhos, pois são modelos para os vínculos criados posteriormente por eles.

De acordo com Nunes (2022), o vínculo é um laço entre mãe e bebê. Essa teoria, criada por Bowby e Ainsworth, tem como símbolo a ligação materna entre mãe e filho, o que resulta em uma relação em que a mãe passa a exercer influência na vida social do filho e em seu desenvolvimento psíquico e emocional por toda sua vida.

De acordo com as teorias freudianas explicadas por Ávila (2003), o vínculo apresenta uma realidade ao sujeito, de que ele não é nada sozinho, ou seja, seu "eu" interno não substitui o mundo de vínculos e relações que ele deve ter com outros indivíduos, famílias, povos e nações, pois os vínculos que são formados permitem ao ego estabelecer limites, buscando semelhanças e divergências para a formação do psiquismo. Como é possível perceber, a teoria da vinculação é de fundamental importância para as análises psicanalíticas, uma vez que compreende as vinculações estabelecidas entre os envolvidos e é capaz de mensurar a repercussão disso em suas vidas.

Portanto, a psicanálise, atualmente, é uma forma de instrumento em que se pode conhecer e compreender as mais diversas formas de sofrimento psíquico, o individualismo, a violência, entre outros processos e eventos.

Toda a evolução da psicanálise como ciência está atrelada à história pessoal de Freud. Ele se especializou em psiquiatria e tinha afinidades com o conhecimento sobre fisiologia e neuropatologia. Em 1886, passou a clinicar, voltando-se para os conhecimentos relacionados à sugestão hipnótica. Seus estudos foram complementados com ajuda da paciente de um amigo (Josef Breuer), a qual sofria de sintomas como paralisia com contratura muscular, inibições e dificuldades de pensamento. Esses problemas faziam com que ela não conseguisse se expressar de forma adequada. Entretanto, por meio da hipnoterapia, ela era capaz de relatar seus pensamentos, assim como suas origens, e se estes estavam ligados a experiências anteriores e relacionadas a seu pai. Com base nessas lembranças, os sintomas da doença desapareciam, em virtude da liberação de reações emotivas que estavam associadas a um evento traumático: o pai da paciente sofreu uma doença terminal, e em seu inconsciente, ela desejada sua morte e descanso (Goodwin, 2005). Breuner passou a entender isso como um método catártico, em que se conseguia liberar afetos e emoções ligadas aos acontecimentos traumáticos que não foram expressos durante o evento desagradável ou doloroso. Com essa liberação, ocorria também a eliminação dos sintomas da paciente. Freud afirma que a hipnose foi utilizada como meio de sugestão e para compreender a história da origem dos sintomas de seus pacientes.

Com o passar do tempo, Freud modificou o método de Breuner, abandonando a hipnose, pois ela não era indicada para todos os pacientes. Sua nova técnica baseava-se na concentração, de onde surgia a rememoração sistemática do evento, que acontecia por meio da simples conversa (Schultz; Schultz, 2009).

A descoberta do inconsciente trouxe à tona aquilo que estava implícito no ser humano. Tudo aquilo que era esquecido era algo penoso para o indivíduo, e o fato de estar esquecido abolia também sua consequência, fosse ela positiva ou negativa. Quando Freud deixou seus pacientes mais à vontade para discorrerem sobre seus pensamentos, percebeu certa estranheza com relação a algumas ideias que lhes vinha à cabeça, pois uma força psíquica não deixava que esses pensamentos se tornassem conscientes. Freud chamou essa força de *resistência*, assim como de *repressão* o processo que se voltava para encobrir aquele evento inconsciente.

Exercício resolvido

A psicanálise é uma das teorias mais atuais do século XX. Bastante complexa, essa corrente aborda a parte psíquica do ser humano. Com relação a essa teoria, analise as afirmações a seguir e assinale V para as verdadeiras e F para as falsas.

( ) A psicanálise é baseada na interpretação e no desvendamento dos sentimentos e pensamentos implícitos do indivíduo.

( ) Os conhecimentos da psicanálise permitem desvendar os pensamentos do outro e as mistificações do mundo de forma material.

( ) No campo da psicanálise, o inconsciente está ligado aos pensamentos implícitos e que, muitas vezes, são suprimidos em razão do sentimento de culpa.

Agora, assinale a alternativa que apresenta a sequência correta:

a) V, V, F.
b) V, F, V.
c) F, F, F.
d) V, F, V.
e) V, V, V.

Gabarito: B

Feedback **do exercício**: A psicanálise visa à interpretação e ao desvendamento dos sentimentos e pensamentos que ficam no inconsciente dos indivíduos. Os conhecimentos dessa área estão voltados à compreensão dos pensamentos do outro e de suas representações no mundo de forma subjetiva e imaterial. Na psicanálise, o inconsciente está associado aos pensamentos implícitos, que podem ser suprimidos em virtude do sentimento de culpa.

Assim, foram lançadas teorias referentes ao inconsciente que serão abordadas a seguir. A primeira teoria aborda a estrutura do aparelho psíquico e consiste na existência de três sistemas psíquicos: o inconsciente, o pré-consciente e o consciente. O **inconsciente** exprime o conjunto de conteúdos reprimidos e que não estão presentes no campo da consciência. Eles podem já ter sido conscientes e, após isso, reprimidos, indo para o inconsciente, no qual há leis próprias e não há temporalidade (Bock; Furtado; Teixeira, 2001). Já o **pré-consciente** está relacionado àqueles conteúdos que se encontram acessíveis à consciência. Eles ainda não estão na consciência, mas podem passar a estar a qualquer momento. Por fim, o **consciente** recebe as informações externas e internas ao mesmo tempo. Nele, são considerados os fenômenos da percepção, principalmente do mundo exterior, da atenção e do raciocínio.

A segunda teoria do aparelho psíquico apresenta novas concepções, como *id*, *ego* e *superego*. Esses três conceitos se relacionam aos sistemas de personalidade. Assim, o **id** é o reservatório de energia psíquica. Nele se localizam as pulsões, como as de vida e de morte. Assim, ele equivale ao inconsciente e é regido pelo prazer (Bock; Furtado; Teixeira, 2001). O **ego** traz o equilíbrio entre o id e as ordens do superego. Ele controla os interesses pessoais e é regido pela realidade, atuando no funcionamento psíquico. Além disso, regula o prazer e a satisfação considerando as condições da realidade, oscilando entre as formas de prazer e desprazer. Está relacionado à percepção, à memória, aos sentimentos e ao pensamento (Campos, 2009).

Mergulhão (2016, p. 14) exemplifica a relação entre o id e o ego da seguinte forma:

> O ego e o id trabalham juntos e não antagonicamente. Se o ego se identifica com as mais profundas sensações do id, a percepção consciente do prazer aumenta durante o ato sexual. Intensifica-se o fluxo de energia para o cérebro e aparelho genital. As sensações são tão fortes que a

consciência desaparece. O sistema do ego é afogado pelas fortes ondas dos impulsos do id, o princípio da realidade se esvanece, desaparecem todas as barreiras. Os reservatórios esvaziam-se numa enchente poderosa que segue em direção aos genitais para descarga. Por uns poucos momentos o id é supremo; o organismo perde sua identidade na união sexual. Ao final da tempestade, refrescado e revitalizado pelas mais profundas fontes de energia vital. A realidade interfere à medida que a consciência vai se recobrando, ou isto pode ser adiado se o sono intervir.

O **superego** está relacionado ao complexo de Édipo e à internalização de proibições, limites e autoridades. Apresenta funções de moral e ideais e se refere às exigências impostas pela sociedade e cultura.

O que é?

O complexo de Édipo consiste no conjunto de desejos sexuais da criança, que está em processo de maturação sexual, por seu ente familiar, normalmente o pai (para a menina) ou a mãe (para o menino). Assim, as primeiras figuras amorosas passam a ser os próprios pais.

O sentimento de culpa está diretamente relacionado à constituição do superego, de forma que o indivíduo passa a se sentir culpado quando faz algo errado ou por algo que não fez, mas desejou ter feito. Essa concepção abrange considerações não necessariamente nocivas, mas que são encaradas como erradas pelo ego. Assim, o indivíduo passa a considerar determinados atos como sendo maus, simplesmente pelo medo de punição e redução ou perda do amor de seus pais, considerados autoridades.

O medo faz com que sejam adotadas aquelas mesmas percepções diante das perspectivas de suas autoridades, os pais. Assim, as crianças evitam fazer aquilo que acreditam ser mau, mas a existência do desejo causa o sentimento de culpa. Quando a autoridade externa se torna interna, o indivíduo não precisa mais ouvir o "não" de alguém: ele passa a agir por si próprio, por entender que aquilo é errado. Ainda assim, o desejo é mantido. Isso gera um mal-estar, o qual se instala no indivíduo de forma a lhe causar males. Essa função de autoridade é regida pelo superego e o sentimento de culpa se origina na passagem pelo complexo de Édipo.

O ego e o superego se diferenciam do id, mostrando, assim, que há dependência entre os sistemas. Eles são construídos pelas experiências pessoais e particulares individuais – cada pessoa possui as próprias relações com os outros e com a sociedade. Dessa forma, o ser humano se torna algo complexo de compreender e, para isso, é necessário entender sua trajetória individual relacionada ao seu contexto e à sociedade em que está inserido.

A forma como percebemos um evento, seja ele externo, seja ele interno, pode nos levar a diversos sentimentos. Ele pode ser constrangedor, doloroso e, até mesmo, desorganizador. Para minimizar essas experiências, o indivíduo pode modificar essa realidade e simplesmente afastar essas percepções e pensamentos. Nesse sentido, os mecanismos de defesa são meios de deformar a realidade, por meio do ego ou de maneira inconsciente.

Assim, Freud explica que o ego exclui da consciência os pensamentos não desejados e protege seu aparelho psíquico por meio dessa ação. Ele mobiliza os mecanismos para supressão e dissimulação dos perigos internos, que podem ser imaginários ou reais, do mundo exterior.

Dessa forma, Freud classificou alguns mecanismos pelos quais o ego produz essa ação. O **recalque**, por exemplo, é a supressão de alguma parte da realidade. Assim, esse conteúdo não pode ser percebido pelo indivíduo em uma parte ou mesmo no todo. Ao ler um texto, por exemplo, em que uma sentença estivesse suprimida, pode ser que o indivíduo fosse incapaz de compreender o texto no todo. Outro exemplo é quando não ouvimos o "não" de uma sentença proibitória; logo, compreendemos exatamente o contrário. Assim, o recalque é um dos mecanismos que mais provocam deformações da realidade, a fim de garantir a defesa do indivíduo.

Ainda sobre o recalque, Jorge (2008) apresenta duas definições distintas: uma que busca repelir ou manter dada pulsão no inconsciente, que é provocada pela pulsão que antes era prazerosa e passa a causar desprazer; e outra que envolve o sentimento de defesa.

Freud elevou o recalque de mecanismo de defesa a mecanismo que constitui o inconsciente. Nesse sentido, o recalque pode ser dividido em três fases: a fixação, que ocorre antes do recalque, mas o condiciona; o recalque propriamente dito, que tem duas forças atuando, a repulsão, que atua no próprio consciente, apresentando o objetivo ou indivíduo a ser recalcado, e a atração, que atua pelo que foi antes repelido; e o retorno do recalque, quando o recalque fracassa e traz à tona a invasão do recalcado.

Outro mecanismo é a **formação reativa**, que consiste no afastamento do desejo, em que o indivíduo toma uma atitude oposta àquela. Um exemplo para essa situação é a atitude exagerada de proteção e ternura, que podem se tornar aversivas em forma de agressividade intensa. Assim, as atitudes dos indivíduos ficam subentendidas e em aversão, como forma de proteção pela excessividade dos sentimentos verdadeiros.

A **regressão** consiste no retorno do indivíduo a etapas anteriores, de forma que passe a ter expressões consideradas mais primitivas. Essa situação pode ser exemplificada quando alguém está passando por alguma situação complicada e, ao ver um animal, como um rato ou uma barata, emite gritos escandalosos. Isso indica que, além do animal que ela está vendo, há também algo interno à sua situação que passa a amedrontá-la ainda mais.

A **projeção** consiste na distorção entre o interno e o externo. Nela, o indivíduo é capaz de localizar algo no mundo externo que faz parte de si, mas não percebe que aquilo é apenas uma projeção de si mesmo. Essa é uma situação comum no dia a dia, em que vemos algo extremamente incômodo no outro, mas que na verdade é também um reflexo de nós mesmos.

A **racionalização** consiste na forma como o indivíduo argumenta e convence alguém com as deformações produzidas pela consciência. O ego utiliza a razão para explicar o irracional de uma forma materialista, por meio da cultura ou, até mesmo, do saber científico. Assim, esses mecanismos de defesa utilizados pelo ego podem reduzir ou reproduzir outras imagens do que somos e do que sentimos.

Há outros mecanismos além dos citados, como identificação, isolamento, denegação e inversão. No geral, todos agem como forma de distorcer e reduzir os aspectos considerados, até então, como negativos pelo ego.

Assim, a psicanálise busca decifrar o inconsciente e a forma com que ele atua no consciente. Na maioria das vezes, esses conteúdos não são conhecidos e podem ser grandes determinantes para o tratamento. A psicanálise visa ainda melhorar o autoconhecimento do paciente, de forma que ele possa lidar melhor com o sofrimento e criar meios para a superação de seus conflitos e suas dificuldades.

Evidencia-se, assim, que a psicanálise é repleta de complexidades que envolvem o paciente e o psicanalista, o qual necessita compreender todos os caminhos que seu paciente percorreu para chegar até aquele momento, a fim de poder ajudá-lo no seu sofrimento psíquico.

Muitos são os fundamentos da psicanálise, que se desdobraram ao longo de sua criação e foram se modificando ao longo do tempo e dos estudos realizados por Freud com seus inúmeros pacientes. Contudo, a psicanálise ainda é somente associada ao divã e a um trabalho único de consultório. No entanto, é possível perceber que ela pode contribuir muito com outras áreas e de formas diversas, ou seja, em outros ambientes, como hospitais, escolas e asilos.

2.5 As contribuições das teorias behaviorista, gestaltista e psicanalítica para a compreensão do comportamento humano

Nesta seção, faremos uma apresentação sucinta das contribuições de cada corrente para o desenvolvimento humano.

O desenvolvimento humano, desde a concepção, ocorre por meio da mudança. Trata-se de um processo marcado por uma série de transformações. Os estudiosos desenvolvimentistas que estudam essas transições apoiam suas pesquisas nas características variáveis e naquelas que permanecem estáveis, buscando entender os processos estável e sistemático. Além disso, eles se concentram na continuidade da pesquisa e na mudança. Segundo Shaffer (2005, p. 2), isso acontece no curso da vida de um indivíduo, pois "a ciência do desenvolvimento tem como fenômeno de estudo a continuidade e as mudanças que um indivíduo sofre do berço ao túmulo". Para o autor, o desenvolvimento humano é dividido em processos. Nessa perspectiva, o amadurecimento fornece o desenvolvimento biológico, imprescindível para andar, falar, ter maturidade sexual etc. A neurociência classifica esses processos de maturação no cérebro como habilidades, concentrando-se na resolução de problemas e buscando a compreensão dos pensamentos e sentimentos baseados na matriz de maturidade. O segundo processo está pautado na aprendizagem, que tem base nas experiências vividas, as quais promovem as mudanças nos sentimentos, pensamentos e comportamentos.

Aprendemos por meio da observação e da interação social, e essa mudança acontece no nosso ambiente. Esses processos se constituem áreas de pesquisa do desenvolvimento humano, os quais passam pelo desenvolvimento físico, que envolve o corpo e o cérebro, ou seja, habilidades sensoriais e motoras; pelo desenvolvimento cognitivo, que envolve aprendizagem, concentração, memória, linguagem, pensamento, raciocínio e criatividade; e pelo desenvolvimento psicossocial, que envolve emoções, personalidade e relações sociais (Papalia; Feldman, 2013).

De acordo com Bee e Boyd (2011), existem duas vertentes que tratam do desenvolvimento humano: debates filosóficos e científicos sobre quantos fatores ambientais e inatos causam impacto no desenvolvimento; e a diferença referente às transformações que ocorrem na vida relacionadas à idade e ao estágio. Assim, para explicar essas vertentes e compreender melhor o desenvolvimento humano, foram desenvolvidas as teorias psicológicas.

Sobre o behaviorismo, na compreensão do desenvolvimento humano, destacou-se a preocupação com o comportamento humano; assim, foram desenvolvidas teorias que tratavam do comportamento previsível, que correspondia aos estímulos do ambiente (Zatti et al., 2005). De acordo com essa teoria, desde o nascimento já se tem respostas incondicionais e inatas. Com o passar do tempo, as crianças vão desenvolvendo essas respostas e associando-as a estímulos do meio, decorrentes das experiências que são vivenciadas por elas. Assim, por meio de processos simples, são gerados múltiplos comportamentos complexos, o que garante o desenvolvimento físico, psicológico, social, entre outros, do indivíduo (Tourinho, 2011).

Contrária às concepções behavioristas, foi desenvolvida a Gestalt, dando ênfase não ao comportamento, mas às percepções da subjetividade. Foi uma das primeiras tendências científicas que surgiu no campo da psicologia. A defesa da Gestalt é que, para aprender, usamos uma série de estruturas de base física e impomos suas qualidades ao nosso desenvolvimento. Logo, de acordo com essa vertente, o desenvolvimento humano está fundamentado na estrutura biológica, que aprendemos a usar à medida que crescemos. Nesse sentido, não há desenvolvimento em termos de origem e estágios evolutivos, mas a descoberta gradual das funções cerebrais (Zatti et al., 2005).

Por fim, houve a ascensão da psicanálise, com as instâncias psíquicas ligadas aos desejos mais inconscientes do indivíduo. Trata-se de uma escola com características diferentes das demais, o que é visível principalmente ao verificarmos sua origem. Ao contrário das escolas anteriores, que usaram as universidades como berço, a psicanálise não se originou na academia, mas do trabalho clínico. Seu fundador, Freud, tentou tratar pessoas com transtornos mentais. Além disso, ao contrário de outras escolas, a psicanálise foi adotada com base no comportamento anormal do sujeito da pesquisa, usando a observação como método clínico. Outro ponto que a diferencia de outras escolas é a pesquisa, que adotou o fenômeno da inconsciência (Sousa, 2018).

No desenvolvimento humano, a principal contribuição da psicanálise está relacionada à força inconsciente que inspira o comportamento humano. Nesse sentido, busca-se descrever mudanças qualitativas, tendo como objetivo fazer com que as pessoas compreendam os conflitos emocionais inconscientes (Freud, 1990).

De acordo com Zatti et al. (2005), o behaviorismo, a Gestalt e a psicanálise foram chamadas *de matrizes disciplinares*, pois fundamentaram a psicologia do século XX, podendo ser aplicadas em múltiplas áreas do conhecimento. Mesmos apresentando ideias diferentes e, até contrárias, elas não se anulam, podendo ser utilizadas inclusive concomitantemente.

Os paradigmas, de acordo com Cunha (1998), têm como características a permanência de seus conhecimentos na comunidade científica, abrindo ainda espaço para a aplicação dessas ideias em outras áreas do conhecimento. Desse modo, podemos definir as teorias psicológicas apresentadas como paradigmas ou matrizes disciplinares.

Síntese

- As teorias da psicologia trazem à tona pensamentos importantes para a compreensão do comportamento humano, tanto para o âmbito da psicologia clínica quanto da científica.
- O behaviorismo apresentou grande implicações para as práticas psicológicas. Com base nele, passou-se a ter maior noção sobre o comportamento humano e suas implicações nas inter-relações.
- Com o behaviorismo, foram criadas as leis comportamentais, em que se estudavam em animais as respostas do ambiente diante das reações deles. Um grande exemplo de estudo nesse sentido foi a caixa de Skinner.
- Com o behaviorismo, também surgiram as ideias de reforço positivo e negativo, que consistem na probabilidade de o indivíduo reproduzir determinada resposta para receber algo em troca ou para retirar um estímulo desagradável, respectivamente.
- A Gestalt está fundamentada nas tendências teóricas e sistemáticas de explicação para o comportamento do ser humano. Dessa forma, ela contribuiu fortemente para a psicologia científica com meios concretos de investigação do comportamento.
- A teoria da Gestalt deu origem às ideias sobre percepção. Assim, esse tema passou a ser um dos núcleos de estudo dessa teoria, visto que consiste na forma como o indivíduo percebe os meios interno e externo.

- A psicanálise é uma teoria fundamentada na investigação dos componentes psíquicos, como o consciente e o inconsciente.
- Por intermédio dos estudos da psicanálise, foram também instituídos o id, o ego e o superego como formas de associação que se relacionam com o consciente, o pré-consciente e o inconsciente, respectivamente.
- Na psicanálise, são abordados os meios de defesa que incidem sobre o inconsciente do ser humano, como o recalque, a formação reativa, a regressão, a projeção e a racionalização.
- Por meio do conhecimento das teorias behaviorista, gestaltista e psicanalítica, foi possível identificar as contribuições para a compreensão do desenvolvimento humano, de modo que, mesmo com posicionamentos contrários, as teorias não se anulam, mas atuam de forma conjunta para esse entendimento.

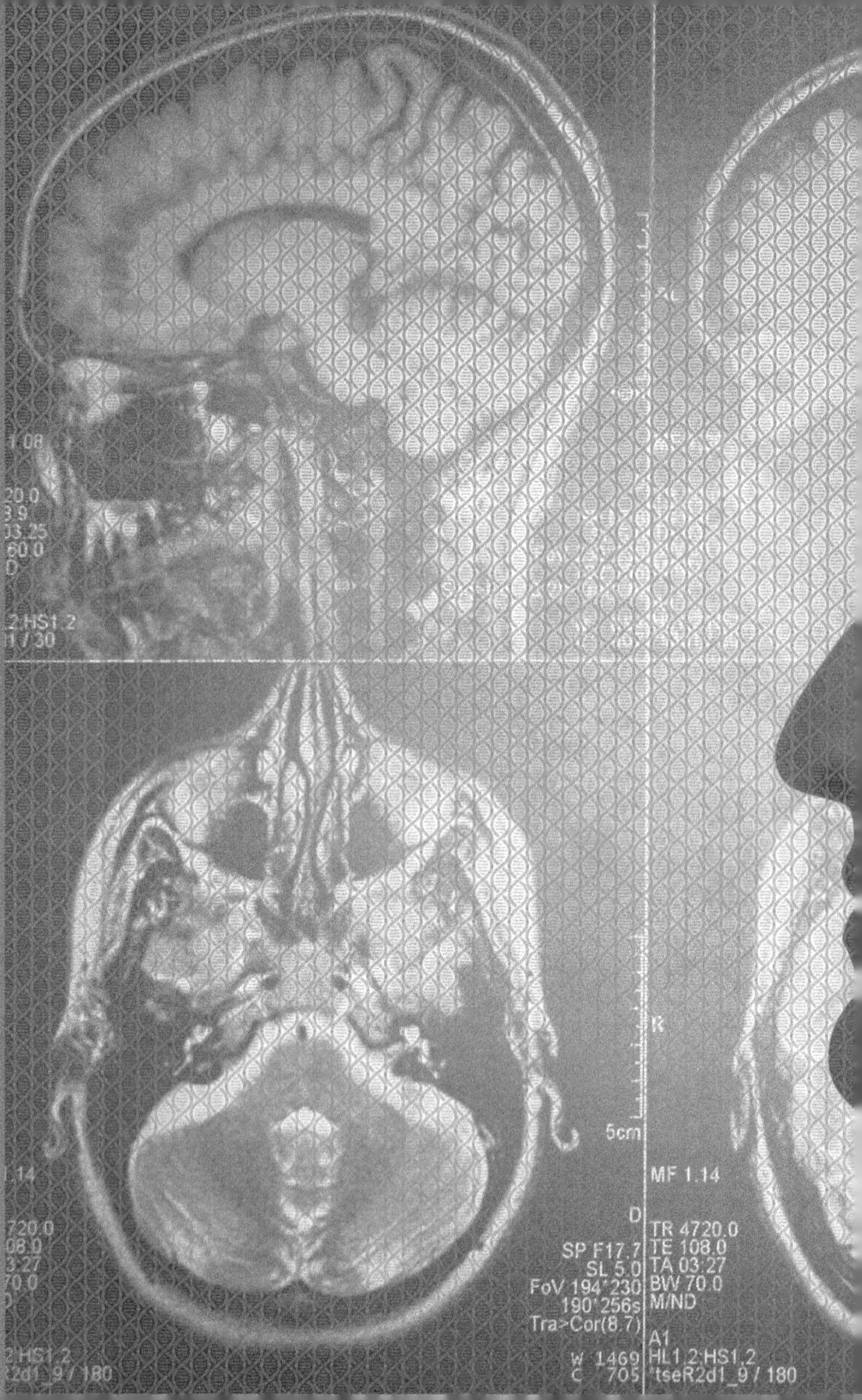

5cm
MF 1.14
D
SP F17.7
SL 5.0
FoV 194*230
190*256s
Tra>Cor(8.7)
W 1469
C 705
TR 4720.0
TE 108.0
TA 03:27
BW 70.0
M/ND
A1
HL1,2:HS1,2
*tseR2d1_9 / 180

# Capítulo 3

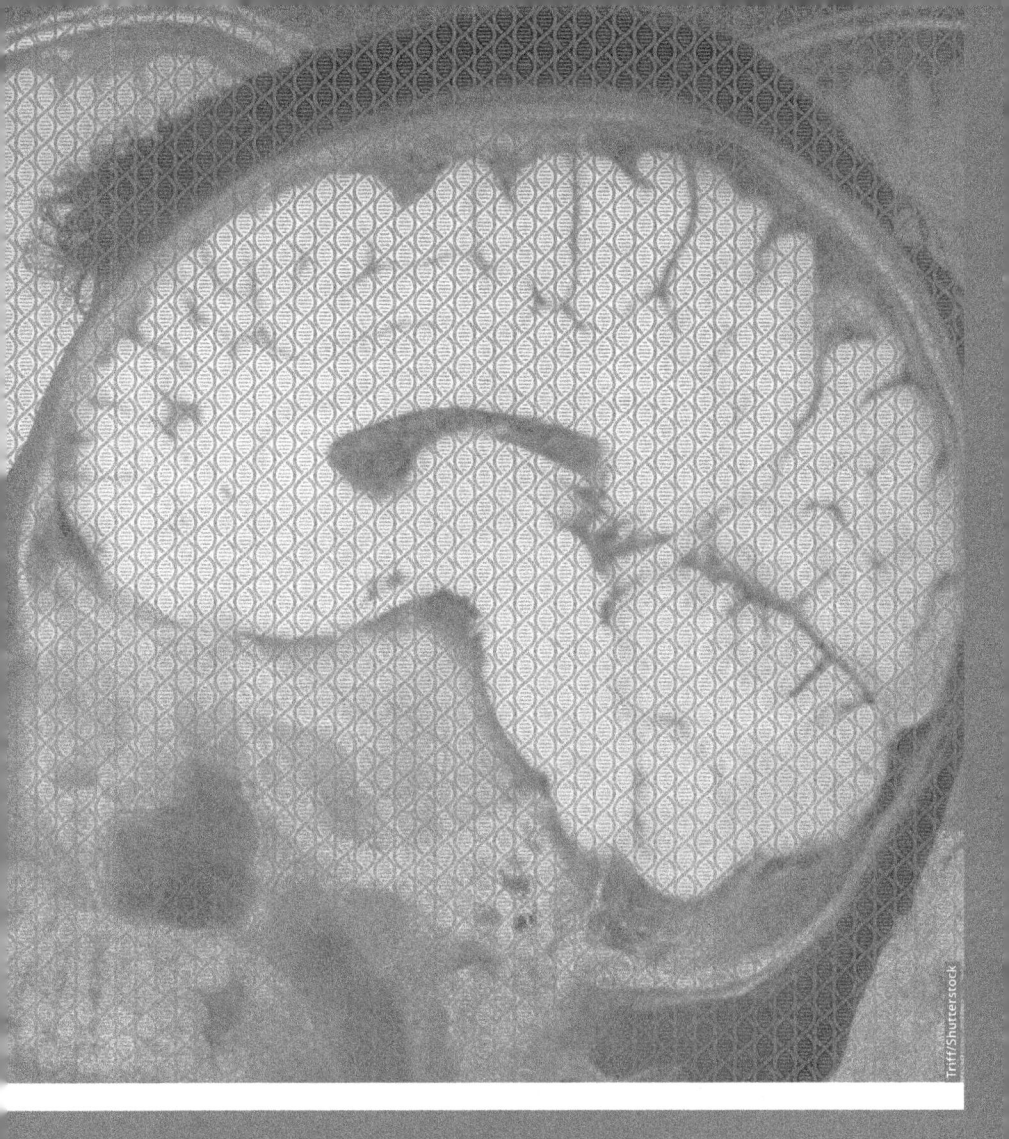

Sistema cognitivo

Conteúdos do capítulo
- Desenvolvimento cognitivo.
- Desenvolvimento da inteligência.
- O behaviorismo e a aprendizagem.
- O desenvolvimento cognitivo e a educação física.
- Contribuições da educação física para o desenvolvimento cognitivo.

Após o estudo deste capítulo, você será capaz de:
1. identificar os aspectos relacionados ao desenvolvimento dos processos cognitivos;
2. compreender as relações entre o meio e o indivíduo sob as perspectivas dos principais pensadores e teorias que abordam o tema;
3. examinar a forma com que se desenvolvem e são abordados os aspectos psíquicos em evolução durante o período escolar;
4. analisar as relações entre o ensino da educação física e o desenvolvimento cognitivo;
5. elencar as contribuições da educação física para o desenvolvimento dos processos cognitivos.

A psicologia está diretamente ligada ao desenvolvimento dos processos cognitivos. Assim, o profissional de educação física, que atua como professor de disciplinas que envolvem a área, deve conhecer e reconhecer os processos de desenvolvimento humano, que envolvem tanto os aspectos físicos e fisiológicos quanto os aspectos cognitivos, como explica Rabello e Passos (2022, p. 1): "A noção de desenvolvimento está atrelada a um contínuo de evolução, em que nós caminharíamos ao longo de todo o ciclo vital. Essa evolução, nem sempre linear, se dá em diversos campos da existência, tais como afetivo, cognitivo, social e motor".

Dessa forma, as teorias da psicologia, já apresentadas e aqui reforçadas, servirão de base para a imersão nesses estudos e a compreensão das relações entre os estudos da psicologia e da educação física, principalmente no que se refere ao âmbito escolar, que é onde acontece o processo de ensino-aprendizagem.

Considerando as vertentes dos principais pensadores da área, como Jean Piaget (1896-1980) e Lev Vygotsky (1896-1934), apresentaremos as principais ideias de suas teorias e as implicações e perspectivas para a prática profissional no âmbito da educação física.

Essas teorias ajudam a compreender os processos evolutivos do indivíduo e a relação que se mantém entre eles, de uma forma íntima e, muitas vezes, difícil de lidar. Assim, a formação do profissional que atuará nessa área deve abranger as concepções subjetivas do sujeito, de modo a abordar suas dificuldades e ampliar seus conhecimentos, oferecendo, assim, um processo de formação digno no ensino escolar.

Nesse sentido, a dimensão psicológica voltada ao conhecimento cognitivo e seus aspectos relacionados se faz importante para a prática profissional. Como mencionado, é importante ressaltar as teorias e a historicidade que envolvem os processos de desenvolvimento para que se possa contextualizar as descobertas e o desenvolvimento das ideias aplicadas com base no conhecimento científico e empírico.

3.1 Desenvolvimento cognitivo

Do ponto de visto científico, a definição de cognição remete aos processos tradicionais intelectuais, como o raciocínio e a solução de problemas. Nesse sentido, a cognição está ligada à mente, como um sistema de alta complexidade e que interage com o restante do corpo, codificando, transformando e manipulando todas as informações que nele passam (Flavell; Miller; Miller, 1999).

Para Torres (2001, p. 1), o desenvolvimento cognitivo acompanha o sentido de raciocínio, em que o processo cognitivo está aliado ao compreender e ao pensar:

> Entender o processo cognitivo significa a possibilidade de compreender a natureza do pensamento, comportamento, sensações, emoções e percepções; os processos de elaboração de códigos e linguagens, de criação de novos instrumentos, teorias, materiais, conhecimentos, técnicas, ideias, artes, ciências etc. Significa também compreender a capacidade de planejar, prever, memorizar e agir. Relaciona-se com a própria possibilidade humana de desenvolvimento e transformação, assim como de seu ambiente. Portanto, pode estabelecer relações com os mais diversos campos de conhecimento.

Então, é possível entender que a cognição está atrelada às capacidades psicológicas do pensar e do conhecer, sendo, portanto, utilizada nos processos de pensamentos superiores do sistema nervoso. Com base nos estudos fisiológicos e filosóficos, diversos pesquisadores se dedicaram a estudar os processos de desenvolvimento e crescimento do ser humano em seu sentido cognitivo (Fontana, 2002). De acordo com Krebs (1998), a criança se constitui um ser criativo, o qual está inserido em um contexto e pode desenvolver potencial para modificá-lo e transformá-lo.

Torres (2001) aponta que as contribuições mais importantes para as teorias cognitivas foram desenvolvidas por Vygotsky, o qual propôs que o corpo é um elemento fundamental para o processo de desenvolvimento do sistema cognitivo humano. Assim, a teoria aponta que a visão do educador deve ser sistêmica e que, sem isso, é impossível prever o desenvolvimento e a superação da criança com relação às suas fases de desenvolvimento. Assim, de acordo com o psicólogo bielorrusso, as habilidades mais complexas desse campo são originadas das relações entre indivíduo e ambiente, social e biológico, natureza e cultura.

Entre os conceitos de Vygotsky (1989), podemos citar a **zona de desenvolvimento proximal**, que consiste na distância entre o nível de desenvolvimento real e o nível de desenvolvimento potencial. Com base nisso, é possível perceber a capacidade de solução de problemas e de cooperação, em que são resolvidos problemas de orientação. Assim, o aprendizado pode induzir a vários processos internos e dependentes das relações com outras pessoas. O autor ainda ressalta que a internalização pode tornar os processos mais difíceis do ponto de vista do desenvolvimento, afirmando que: "A zona de desenvolvimento proximal define aquelas funções que ainda não amadureceram, mas que estão em processo de maturação, funções que amadurecerão, mas que estão, presentemente, em estado embrionário" (Vygotsky, 1989, p. 97).

A ideia de imagem tradicional dos processos cognitivos está atrelada às entidades psicológicas, conhecidas como *processos mentais superiores*, como conhecimento, consciência, inteligência, pensamento, conceitualização, formação de relações, simbolização, fantasia e sonhos, conforme demonstra a Figura 3.1. Esses processos acontecem também em outros animais, mas não tão clara e alternadamente como na concepção humana (Flavell; Miller; Miller, 1999).

Figura 3.1 **Processos cognitivos**

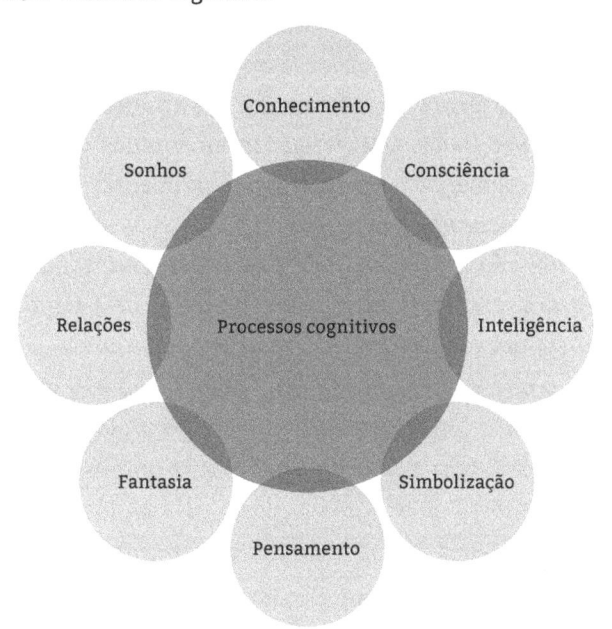

Processos cognitivos
- Conhecimento
- Consciência
- Inteligência
- Simbolização
- Pensamento
- Fantasia
- Relações
- Sonhos

De acordo com Vygotsky (1988), o desenvolvimento da criança está relacionado aos processos externos, ou seja, ao ambiente no qual está inserida e aos estímulos que recebe desse ambiente, de forma que o contexto implica nas relações que ela tenderá a ter. Para o autor, os processos de aprendizado são de grande importância para o desenvolvimento da criança, pois significam o processo de maturação do organismo humano. Com base em todo aprendizado e desenvolvimento cognitivo, os processos internos, como hereditariedade, crescimento orgânico e maturação neurofisiológica, se desenvolvem e são estimulados, de modo que ocorrem as interações entre o indivíduo e o meio.

> ### ||| *Para saber mais*
>
> Vygotsky foi um psicólogo bielorrusso que estudou sobre o papel da escola no desenvolvimento mental das crianças. Suas obras são até hoje estudadas e investigadas, em virtude da complexidade que apresentam em relação aos pontos importantes, que são capazes de descrever os processos cognitivos de aprendizagem dos discentes. Suas obras são citadas em diversos trabalhos, pois se tornaram referência no mundo. Acesse o *site* a seguir para saber um pouco mais sobre a vida e a obra desse autor.
>
> FERRARI, M. Lev Vygotsky, o teórico do ensino como processo social. **Nova Escola**, 1º out. 2008. Disponível em: <https://novaescola.org.br/conteudo/382/lev-vygotsky-o-teorico-do-ensino-como-processo-social>. Acesso em: 21 jul. 2022.

Logo, por meio dos estímulos internos e externos, também é desenvolvida a inteligência, que não é passível de ser definida, pois é algo altamente subjetivo e que é construído, e não algo fixo para toda a vida (Roazzi; Souza, 2002). Nesse contexto, a criança se desenvolve muito durante seus primeiros anos de vida, tanto do ponto de vista físico quanto do psicológico e cognitivo, ampliando sua inteligência, pois, na infância, a mente é como um espaço em branco, o qual é preenchido com a aprendizagem que vai acompanhar o indivíduo por toda a vida (Dambrós; Trindade, 2018). Nesse período, são adquiridas muitas das funções e adaptações relacionadas à vida extrauterina. As primeiras experiências, assim como os aprendizados, são desempenhadas nessa fase, inclusive no ambiente escolar, onde a criança passa a promover mais relações com membros fora da família (Melero, 1999).

Durante o processo de formação na escola, a criança também adquire sua identidade como cidadã, por meio da somatória de experiências em seu mundo. A literatura aponta que há uma associação entre a estimulação do ambiente e a cognição, de forma que os bebês que são estimulados por suas mães tendem a ter uma maior variedade de experiências perceptivas. Além disso, estima-se que essas experiências sejam adquiridas com diferentes pessoas, objetos e símbolos (Ramey; Ramey, 1998).

Assim, o conjunto de experiências determina a evolução cognitiva do sujeito ao longo de sua vida. O desenvolvimento está associado aos processos intelectuais, de pensamento, aprendizagem, memória, julgamento, solução de problemas e comunicação. Os estágios do desenvolvimento podem ser divididos em quatro: (1) o pré-natal, que consiste no período entre a concepção e o nascimento; (2) o estágio do nascimento até os 3 anos; (3) o estágio entre os 3 e os 6 anos; e (4) o período entre os 6 e os 12 anos (Papalia; Olds, 2000).

De acordo com a teoria de Piaget, as crianças se desenvolvem de forma a elaborar cada vez mais seus pensamentos e comportamentos, partindo sempre do básico e conhecido. Fontana (2002) mostra a classificação das fases de desenvolvimento de Piaget como: sensório-motora (0 a 2 anos); pré-operacional (2 a 7 anos); operações concretas (7 a 11 anos); e operações formais (a partir de 12 anos). A distribuição está relacionada às capacidades cognitivas de lidar com problemas e de resolvê-los, sempre do mais simples para o mais complexo.

Logo, o desenvolvimento cognitivo se mostra expressivo na fase da terceira infância, em que acontecem os processos de reconhecimento, estimulados pela formação escolar. Durante essa fase, considera-se também outras transformações importantes, como a maior capacidade para armazenar informações, assim como a velocidade em que elas podem ocorrer. Dessa forma, é possível que o indivíduo apresente melhor capacidade de compreensão nessa fase, em razão das alterações que ocorrem nela (Souza; Ricoboni, 2009).

> **Importante!**
>
> O período em que ocorre a maior quantidade de adaptações nas crianças com relação ao mundo e ao processo de interação é a **primeira infância**. Embora as ideias sobre o desenvolvimento cognitivo apontem que a próxima fase é que determina esse desenvolvimento, pode-se considerar que os educadores também devem dar importância a essa fase, visto que ela servirá de subsídio para o desenvolvimento das fases subsequentes.

Considerando-se a teoria desenvolvida por Piaget, as classificações do desenvolvimento cognitivo acontecem em maior parte dos 6 aos 12 anos. A partir do sexto e do sétimo ano de vida, a criança tende a formular operações verdadeiras, percebendo-as como necessárias. Nessa fase, ela desenvolve a capacidade de operar modelos concretos e pensamentos de forma a classificá-los e agrupá-los. Além disso, passa a conseguir diferenciar ou combinar estruturas já conhecidas a novas relações, assimilando o contexto aos novos acontecimentos (Souza; Ricoboni, 2009).

Apesar de o desenvolvimento do raciocínio ainda ser limitado nessa fase, a criança passa a lidar com as quatro abstrações puras por meio de inferência e hipóteses. Afinal, ela já tem a capacidade de lidar com operações matemáticas envolvendo adição, subtração, multiplicação e divisão (Pulaski; Ribeiro, 1986).

Dessa forma, é muito importante estimular essa faixa etária de escolares, a fim de desenvolver cada vez mais seus processos cognitivos. A Educação Física como disciplina atua diretamente nesse contexto, como forma de estimular o desenvolvimento dos elementos que compõem a cognição e as novas experiências com o meio e as relações interpessoais. Dessa forma, no âmbito dos estudos psicológicos no campo da educação física, esse é um ponto relevante a se levantar, visto que é um dos caminhos mais importantes a serem desempenhados no ensino de Educação Física escolar (Souza; Ricoboni, 2009).

Exercício resolvido

A teoria de Piaget propõe uma divisão em fases, de modo a estabelecer algumas condições de desenvolvimento. Com relação a essa teoria, analise as afirmações a seguir e assinale V para as verdadeiras e F para as falsas.

( ) As fases são rígidas e contam com períodos específicos para o desenvolvimento; caso a criança não o atinja, é detectado o atraso.

( ) A fase que consiste nas operações concretas abrange o período de 2 a 7 anos, em que a criança já inicia o processo de realização de cálculos matemáticos.

( ) Os processos cognitivos se desenvolvem mais na terceira infância, visto que, nessa fase, há a presença dos processos de reconhecimento e a formação de relações com o meio.

Agora, assinale a alternativa que apresenta a sequência correta:

a) V, V, V.
b) F, F, V.
c) F, V, V.
d) V, F, V.
e) F, F, F.

Gabarito: B

Feedback **do exercício**: As fases do desenvolvimento não podem ser rígidas, visto que dependem das experiências e relações dos indivíduos com o meio. A fase em que a criança desenvolve os primeiros cálculos operacionais é entre os 7 e os 11 anos, mas os cálculos formais são abordados apenas na fase de operações formais, a partir dos 12 anos. A fase de maior desenvolvimento cognitivo é a terceira infância, que compreende o período em torno dos 7 a 11 anos, em que a criança tem maior capacidade de se relacionar e compreender o meio externo.

A seguir, serão apresentados alguns conceitos históricos sob a ótica dos grandes nomes da psicologia. Essas concepções são importantes para a compreensão das linhas de raciocínio que envolvem o ensino de educação física e os processos de desenvolvimento do ser humano, tanto no âmbito fisiológico quanto na esfera subjetiva da mente, começando, assim, pelo desenvolvimento da inteligência.

3.2 Desenvolvimento da inteligência

O início da vida e o processo de desenvolvimento são marcados por muitas mudanças, assim como por evoluções sequenciais que designam o ser humano posteriormente. A partir desse desenvolvimento é que o indivíduo adquire suas capacidades cognitivas, tornando-se capaz de desenvolver suas habilidades físicas, motoras e mentais.

De acordo com a teoria de Piaget, o desenvolvimento acontece quando o indivíduo ou a criança passa a ter uma noção local de tempo e espaço. Assim, os conhecimentos acerca de sua localização e do mundo é que permitem o processo de desenvolvimento dos processos cognitivos (Piaget, 2007).

Curiosidade

Você sabia que a teoria de Piaget é fundamentada no processo de assimilação?

Para Piaget, o desenvolvimento cognitivo da criança está relacionado à assimilação, que, associada à acomodação, produz o processo de desenvolvimento de esquemas que auxiliarão no desenvolvimento cognitivo, principalmente do processo de aprendizagem.

Dessa forma, o organismo apresenta, fisiologicamente, características voltadas ao estado de conforto interno, o qual proporciona o desenvolvimento mental. Tais desenvolvimentos, mais tarde, levarão ao estabelecimento de relações interpessoais e com o mundo.

O desenvolvimento cognitivo da criança inicia com a adaptação mental e o equilíbrio que acontecem a partir do desenvolvimento das estruturas neurais responsáveis pela cognição (Rappaport; Fiori; Herzberg, 1982). Embora o desenvolvimento biológico esteja atrelado ao desenvolvimento geral e neuropsicomotor da criança, ele é apenas parte do que designa o desenvolvimento cognitivo, visto que este depende muito mais das estruturas centrais cerebrais para o desempenho de suas funções normais. Isso explica porque um indivíduo pode ser paraplégico desde o nascimento, mas ter suas funções cognitivas preservadas, assim como a capacidade de raciocínio. O que difere nesse tipo de sujeito é que, muitas vezes, ele não tem as mesmas experiências motoras que outro que não possui a paraplegia. Entretanto, do ponto de vista cognitivo, ele poderá apresentar suas funções normais (Rappaport; Fiori; Herzberg, 1982).

Em termos de desenvolvimento social, inicialmente, a criança tem relação direta com os elementos nucleares da família. Contudo, a partir do momento em que ela inicia seu processo de desenvolvimento, como habilidades motoras e alguma forma de comunicação, ela passa a explorar o ambiente físico e social. É por meio dessa exploração que acontece a fase pré-operacional, em que a criança está exposta aos estímulos e às novas formas de interagir com o meio. Nessa fase, ela passa a formar suas percepções quanto aos objetos, às pessoas e suas relações, às causas e ao espaço e tempo. Todas essas condições constituirão formas que servirão de base para os esquemas conceituais que serão formados posteriormente (Rappaport; Fiori; Herzberg, 1982). Dessa forma, a criança sai de um mundo restrito ao ambiente familiar e passa a desenvolver suas percepções sensoriais e motoras, de modo a interagir com a sociedade de uma forma mais ampla. O processo do desenvolvimento é algo que matura com o tempo e que leva alguns anos para que aconteça de uma forma geral.

Considerando que essa é uma tarefa evolutiva, entende-se que o desenvolvimento do comportamento e da vida mental acontece de forma individual, tendendo a uma média, que é aquilo que se propõe nos livros de desenvolvimento motor normal: "promover impacto no desenvolvimento social, emocional e cognitivo. Portanto, não devemos ficar surpresos ou confusos quando crianças desenvolverem habilidade motora em razões diferentes com modelos e movimento" (Alexander; Boehme, 1993, citados por Carvalho, 2011, p. 11). Logo, todas essas evoluções dependem do nível de estímulo e do ambiente em que a criança vive.

É importante lembrar que os desenvolvimentos cognitivo e motor utilizarão sempre as capacidades já adquiridas. Dessa forma, entende-se como pré-requisitos os aprendizados mais simples para que aconteça o desenvolvimento de etapas mais avançadas, e assim por diante. A potencialização dessas habilidades pode melhorar a forma com que a criança atua no mundo externo. Seu comportamento também está atrelado a esses fatores, de forma que, com o tempo, ela passe a atuar de forma mais coerente e harmoniosa com o mundo, evidenciando a forma do equilíbrio tomado por seu desenvolvimento cognitivo (Carvalho, 2011).

À medida que a criança se torna mais evoluída em termos cognitivos, ela passa a adotar as próprias crenças. Nesse sentido, entende-se que o adulto pensa da forma como pensa em virtude desse processo de desenvolvimento, em que o pensamento se torna lógico e embasado em vivências e experiências, assim como a socialização se torna mais comum. A criança, por outro lado, ainda conta com uma forma de pensamento considerada pré-operacional (2 a 6 anos), apresentando-se de uma forma lúdica e sem preocupações com relação à comprovação daquela ideia (Palangana, 2001).

Isso explica porque as crianças acreditam em formas lúdicas e histórias fantasiosas, como a do Papai Noel, com tanta facilidade. Ao crescer, elas começam a ter um senso crítico e a desenvolver um raciocínio lógico para as percepções já (ou a serem) adquiridas (Rappaport; Fiori; Herzberg, 1982).

Na fase pré-operacional, o comportamento da criança não pode ser considerado egoísta, visto que é uma fase em que ela passa a externar suas necessidades de acordo com o próprio eu. Nessa etapa, também há a confusão entre o eu-outro e o eu-objeto, de forma que ela ainda é incapaz de deduzir consciência a respeito disso (Rappaport; Fiori; Herzberg, 1982). Assim, a criança passa dos pensamentos egocêntricos para a visão de mundo e o desenvolvimento com base nessa visão.

A criança em fase pré-operacional ainda não consegue desenvolver o próprio pensamento – trata-se apenas de uma parte de tudo aquilo que acontece a sua volta. Ainda assim, ela já é capaz de emitir julgamentos com relação à realidade externa e sobre os outros indivíduos, de forma a não se preocupar com a veracidade das informações (Palangana, 2001).

3.3 Behaviorismo e aprendizagem

As teorias behavioristas trouxeram consigo os conhecimentos acerca da aprendizagem. John B. Watson, seu fundador, sugeriu o condicionamento clássico da aprendizagem. Já Burrhus F. Skinner (1904-1990) propôs o condicionamento operante como forma de aprendizagem. Temos, assim, duas maneiras diferentes para analisar as formas de aprendizagem atuais (Cutolo, 2017).

Os reflexos são respostas do indivíduo ao ambiente, motivadas por estímulos de qualquer tipo (visual, auditivo, tátil, entre outros). O reflexo condicionado se refere a uma associação entre o estímulo e a resposta (Rappaport; Fiori; Herzberg, 1982).

O fisiologista Ivan Pavlov (1849-1936) foi um grande precursor da **teoria do reflexo condicionado**. Ele pesquisou sobre as glândulas digestivas primárias por meio de cirurgia e coleta de secreções salivares de cães (Rappaport; Fiori; Herzberg, 1982). Pavlov foi meticuloso e preciso ao realizar a coleta da saliva. Como forma de controlar e padronizar o estudo, usou influências na pesquisa e tentou garantir a confiabilidade utilizando cubículos especiais, dos quais um servia para o animal e outro para o pesquisador. Assim, ele podia manipular os estímulos do ambiente, coletar a amostra de saliva e ainda mostrar uma comida ao animal. Além desses cuidados, ele ainda propôs que seu estudo devia controlar sistematicamente o ambiente (La Rosa, 2003).

No experimento, descobriu-se que os cães salivavam de forma involuntária quando recebiam a comida na boca. Além disso, Pavlov percebeu que a saliva era secretada antes que o animal tivesse a comida. Logo, identificou-se que o estímulo visual da comida e o auditivo (o barulho dos passos do assistente que fornecia o alimento) estimulavam esse fenômeno (La Rosa, 2003). Além disso, percebeu-se que os cães eram capazes de associar a comida à imagem desta. Assim, o processo de salivação podia ser estimulado por fenômenos que aconteciam antes da presença da comida.

Essa condição, denominada *reflexo psíquico*, foi utilizada para explicar o fenômeno em um momento inicial. Pavlov percebeu que essa reação se devia a outros estímulos, como visão e audição associadas à alimentação. O reflexo psíquico foi explicado como oriundo de desejo, julgamento e vontade dos animais em obter os alimentos (Rappaport; Fiori; Herzberg, 1982).

Algum tempo depois, Pavlov modificou o nome para *reflexos condicionados*, demonstrando um pensamento agora mais descritivo e voltado para o cunho objetivo. Suas primeiras experiências eram mais simples: um pedaço de pão era mostrado ao cachorro antes que ele o comesse. Após algum tempo, o cachorro salivava sempre que via o pão. Essa resposta era mediada por um reflexo natural do sistema digestivo e não estava ligado à aprendizagem. Dessa forma, a reação passou a ser chamada de *reflexo inato* ou *não condicionado* (Rappaport; Fiori; Herzberg, 1982).

No entanto, foi descoberto, mais tarde, que a resposta da salivação provocada pela visão não era de origem reflexiva, e sim aprendida. Assim, Pavlov a denominou *reflexo condicionado*, visto que o cachorro dependia do estímulo visual para fazer a conexão entre a comida e a vontade de comer. A partir dessa ideia inicial, Pavlov e seus ajudantes descobriram que vários estímulos podiam provocar a resposta de salivação nos animais; bastava que esses estímulos fossem capazes de atrair a atenção destes. Outro ponto era que esses estímulos não poderiam reproduzir o medo ou a fúria (Rappaport; Fiori; Herzberg, 1982).

Para isso, foram testados diversos estímulos sonoros e visuais, como buzinas, luz acesa e bolhas de água. O estímulo estava, assim, condicionado à comida, nessa ordem (Rappaport, 1982). No caso da luz acesa, o animal era condicionado a salivar pelo estímulo visual da luz. Nesse sentido, o cachorro era condicionado da seguinte forma: com a presença da luz, a comida era fornecida logo em seguida, repetidamente, algumas vezes. Assim, o reforço acontecia quando a comida era dada logo após o estímulo da luz. Nesse caso, a aprendizagem acontece mediante a presença do fator citado (Rappaport; Fiori; Herzberg, 1982).

Outro fator estudado por esse grupo de pesquisa foram os fenômenos que se relacionavam ao reforço, à extinção da resposta, à recuperação espontânea, à generalização, à discriminação e ao condicionamento que estava ligado à ordem superior. Essas questões ainda são pesquisadas até hoje (Rappaport; Fiori; Herzberg, 1982).

Watson foi um dos precursores behavioristas. Em sua obra *Psicologia: como os behavioristas a veem*, ele aborda teorias vigentes atualmente, as quais dão enfoque ao comportamento observável, opondo-se às teorias funcionalistas e estruturalistas. Logo, o tema *comportamento* passou a ser um dos temas de estudo no campo experimental, assim como os fenômenos que acontecem por meio dele (Barreto; Morato, 2008).

O behaviorismo começou a ser estudado no século XX, por meio de estudos com animais. Watson se esforçou, por intermédio de seus experimentos, para mostrar como funcionaria a psicologia animal, se havia a existência de mecanismos superiores neles. Para o autor, os estudos só podiam se fundamentar naquilo que era concreto e objetivo, o que dificultava e limitava os estudos baseados no comportamento (Sousa, 2018).

Na visão de Watson, a psicologia abordava apenas aquilo que era perceptível e observável. Dessa forma, ele defendia que se tratava de uma área limitada ao estudo do comportamento, e que somente as metodologias mais robustas e apenas os laboratórios behavioristas poderiam mensurar os dados deste. Seus estudos incluíam as seguintes etapas: observação sem e com instrumentos, teste e reflexo condicional (Meller, 2016).

O reflexo condicional foi adotado apenas dois anos depois, quando o behaviorismo passou a ser uma teoria mais formal. Nesse contexto, Watson propôs que o método objetivo deveria analisar o comportamento com base no estímulo-resposta. Nessa perspectiva, o comportamento era reduzido aos elementos e podia ser representado por um reflexo condicionado (Meller, 2016).

Para Watson (1930, citado por Meller, 2016), os comportamentos de origem instintiva eram relacionados a respostas produzidas a condições sociais. Assim, ele se recusava a acreditar nos instintos e que qualquer sistema poderia ser estudado com base na compreensão da aprendizagem, como um processo de condicionamento. Para isso, Watson ainda propôs que a criança deveria ser treinada para aquilo que os pais quisessem que ela fosse, pois não havia outros fatores implícitos nesse desenvolvimento para limitar os objetivos.

Assim, Watson (1930, citado por Meller, 2016, p. 92) afirma que:

> Dê-me uma dúzia de crianças saudáveis, bem formadas, e meu próprio mundo especificado para criá-los e eu vou garantir a tomar qualquer uma ao acaso e treiná-la para se transformar em qualquer tipo de especialista que eu selecione – advogado, médico, artista, comerciante-chefe, e, sim, mesmo mendigo e ladrão –, independentemente dos seus talentos, inclinações, tendências, habilidades, vocações e raça de seus antepassados. Eu vou além dos meus fatos e eu admito isso, mas tem os defensores do contrário e eles foram fazendo isso por muitos milhares de anos.

Para Watson, as emoções obedeciam a padrões de mudanças fisiológicas. Essas mudanças poderiam implicar em alterações físicas, como transpiração, aumento da frequência cardíaca e da frequência respiratória. Partindo da ideia de que o comportamento consistia em condição objetiva e era objeto de estudo da psicologia, ele passou a reproduzir as condições entre os sujeitos, a fim de observar as alterações (Meller, 2016).

Watson observou que há diferenças entre os indivíduos, o que deu origem ao conceito de **condicionamento respondente**, o qual infere que as interações entre estímulos e respostas estão sujeitas ao ambiente e à ocasião. Por exemplo, se a pessoa imergir a mão em água gelada e ouvir o som de uma campainha repetidamente, ele tenderá a associar a mudança de temperatura das mãos ao som da campainha. Assim, para Watson, o estímulo do ambiente é que produz a resposta do organismo (Meller, 2016).

Exercício resolvido

O condicionamento de Watson foi uma das teorias behavioristas para explicar o que havia por trás da aprendizagem. Com relação a ela, analise as afirmações a seguir e assinale V para as verdadeiras e F para as falsas.

( ) Aquilo que Watson denominava *condicionamento* ou *aprendizado* estava relacionado ao estímulo-resposta.

( ) Para Watson, as crianças deviam ser treinadas para o que se quisesse que elas se tornassem.

( ) As emoções estavam indiretamente relacionadas às condições fisiológicas, de forma que o aumento das emoções proporcionaria a redução da frequência cardíaca, por exemplo.

Agora, assinale a alternativa que apresenta a sequência correta:

a) V, V, V.
b) F, F, V.
c) F, V, V.
d) V, F, V.
e) F, F, F.

Gabarito: A

***Feedback* do exercício:** De acordo com as observações de Watson para a análise do condicionamento, o comportamento está relacionado apenas ao estímulo-resposta. Baseado no princípio dos instintos, Watson propôs que as crianças poderiam ser estimuladas a responder de forma exata, ou seja, podia-se oferecer estímulos para que elas alcançassem determinados objetivos. A relação entre as emoções está pautada na direcionalidade, quando se aumentam as emoções, tende-se a aumentar também as variáveis comportamentais fisiológicas.

3.4 O desenvolvimento cognitivo e a educação física

De acordo com Gallahue e Ozmun (2005), considerando a teoria de Piaget, o movimento humano é um elemento importante e pode ser agente do desenvolvimento cognitivo escolar. Assim, durante a primeira infância e os anos escolares, essas condições devem ser estimuladas, de forma a oferecer maiores condições de desenvolvimento e novas perspectivas para os alunos.

O movimento humano como agente de desenvolvimento ocorre na educação física por meio da **cultura do movimento**, a qual engloba a educação física como uma de suas áreas do conhecimento, indicando uma perspectiva dessa área que vai além de sua visão mecânica. Em outras palavras, não se restringe à questão física, estendendo-se a tudo que está relacionado à vida dos indivíduos, como as esferas mental, emocional, estética, religiosa e social. A cultura do movimento apresenta uma educação física complexa, que quebra a visão engessada da simples prática de atividades físicas (Andrade Neto et al., 2022).

A cultura do movimento se inicia já no nascimento, quando a criança começa a descobrir o mundo por meio dos movimentos. Dessa forma, é possível considerar que a cultura do movimento não é uma disciplina, nem algo que se possa ensinar, mas algo que se vivencia por meio de outras áreas, como a Educação Física escolar.

De acordo com Nunes e Couto (2021), a cultura do movimento permite aos indivíduos absorver sua cultura por meio do desenvolvimento corporal, pois não escolhemos aprender o significado das coisas – é algo que penetra na nossa vida por meio das relações que vão sendo criadas com as coisas que nos rodeiam. Ela cria uma relação entre o corpo, a natureza e a cultura, que se desenvolve ao longo da vida do ser humano; porém, é fundamental no desenvolvimento das crianças, visto que é por meio dos movimentos que elas passam a compreender melhor o mundo, o ambiente, a cultura e a história (Mendes; Nóbrega, 2009).

Portanto, é importante que, durante a Educação Física escolar, os professores busquem atingir os objetivos que são propostos pela cultura do movimento, para que os alunos tenham um pleno desenvolvimento, tanto físico quanto cognitivo.

Em sua pesquisa, Leitão (2006) percebeu que o desenvolvimento cognitivo das crianças da educação infantil e do ensino fundamental, na época entre a segunda e a quarta série, respondeu positivamente às atividades propostas com jogos e atividades lúdicas, nas quais era estimulado o movimento.

Sobre o lúdico, é possível afirmar que ele pode ser utilizado em todos os segmentos escolares, representados por jogos, brincadeiras, gincanas e outras formas de diversão, de maneira que o conteúdo apresentado em classe seja absorvido e posto em prática de forma direta. Assim, o aprendizado se torna mais dinâmico, de modo que o aluno possa desenvolver melhor suas habilidades motoras com o conhecimento adquirido.

Exemplificando

O uso de jogos, brincadeiras e atividades no contexto lúdico pode melhorar o processo de ensino-aprendizagem dos alunos e, consequentemente, o desempenho cognitivo. Esses estímulos fazem parte do conjunto de estratégias do professor a serem utilizadas com os discentes, as quais constam no currículo escolar.

Os jogos, tem como vantagens o desenvolvimento de diversas capacidades na criança, que vão desde as motrizes até as filosóficas. É por meio dos jogos que as crianças ganham autonomia pessoal, estimulam a criatividade e experimentam coisas novas, de modo que são criadas estruturas mentais que promovem o avanço do aprendizado e o desenvolvimento daquelas.

Para entender qual é a finalidade real do brinquedo, usamos a seguinte afirmação de Vygotsky (1989, p. 109): "É grande a influência do brinquedo na evolução da criança. É nele que o jovem age em uma esfera de cognição, ao invés de uma esfera visual externa, dependendo de estímulos e tendências interiores, e não de motivações promovidas pelos objetos exteriores".

Assim, o brinquedo ocasiona modificações na evolução da criança, referente a suas aptidões. A criança, quando em posse de um brinquedo, poderá criar hipóteses, desafios e vínculos com outras crianças, com regras ditadas pelos responsáveis. O brinquedo é encarado como a base da brincadeira, visto que estrutura a capacidade de criação do infante. Dessa forma, de acordo com Santos (1995), a finalidade do brinquedo é substituir objetos da realidade para que as crianças possam manipulá-los.

Marques (1996) aponta que a teoria dos estágios é importante para compreender o processo de desenvolvimento e as sequências que normalmente o acompanham. No entanto, não se pode estabelecer idades exatas ou teorias diretamente aplicadas ao desenvolvimento motor da criança. Não obstante, os estágios servem para indicar as diferenças entre as fases de desenvolvimento, mas não estão sujeitos a uma sequência hierárquica, pois tudo isso também é dependente do ambiente em que o infante vive.

Em sua abordagem, voltada para a filosofia, Romani (2010) elenca outros pontos de vista, em que a educação pode ser um processo natural e que já era proposto por Rousseau. Nesse sentido, Romani (2010, p. 5) afirma que

> *a importância dada ao fortalecimento do corpo e refinamento dos sentidos presente no segundo livro do Emílio [de Rousseau] podem ser complementados [...] na perspectiva científica dos estudos desenvolvidos pelas ciências do desenvolvimento humano. Como inventor moderno do conceito de infância, Rousseau lançou as bases do conhecimento da estrutura físico-motora, afetiva, cognitiva e moral da criança, concentrando-se nos "cuidados pedagógicos" que os adultos deveriam ter para com a criança [...]. Nesse sentido, os estudos de Rousseau, aliados aos desenvolvidos pelas ciências posteriores, auxiliam-nos a pensar na importância da educação do corpo nos processos educacionais como dimensão necessária ao desenvolvimento cognitivo e moral dos educandos.*

De acordo com Negrine (1995), a forma como a criança interage com os jogos revela como ela associa os elementos afeto, cognição e motricidade. Assim, o desenvolvimento cognitivo está atrelado ao motor e também ao desenvolvimento de suas funções superiores.

Bee (2003) afirma que é durante a infância que são adquiridos os aprendizados essenciais para o todo o desenvolvimento humano. Nesse sentido, o desenvolvimento motor é de grande relevância nessa fase, visto que os hábitos adquiridos nela serão levados para a vida adulta. O período pré-escolar é fundamental para a maturação neurológica, pois permite que as atividades motoras sejam efetivadas de forma gradativa e benéfica quando guiadas de forma adequada. Por isso, é extremamente relevância para o desenvolvimento motor das crianças a prática da educação física, a fim de que levem para a vida adulta os hábitos que virão a fortalecer seu corpo e sua mente.

De acordo com Vygotsky (1989), a criança tem seu desenvolvimento a partir de formas lineares, em que o jogo propõe a evolução simbólica relacionada também a suas regras. Assim, o autor propõe que o jogo produz o simbólico e que as regras, mesmo que imaginárias, influenciam nas condutas do infante. Dessa forma, o jogo tem um significado simbólico, representativo e imaginário para a criança, de forma que ela experimenta novas experiências e testa suas habilidades e capacidades por meio dele (Negrine, 1995).

3.5 Contribuições da educação física para o desenvolvimento do cognitivo

Os estudos voltados à psicologia no campo da educação física contribuem para que o profissional da área aprenda a lidar com o lado psicológico do aluno e saiba manejar suas atividades visando ao seu desenvolvimento. Isso porque o estudo do comportamento humano está diretamente relacionado às capacidades de ensino-aprendizagem de escolares. Essas concepções contribuem para a compreensão do aluno como ser, de seu processo de aprendizagem e também de aspectos referentes ao papel que o professor deve exercer durante a aula.

Nessa perspectiva, tudo aquilo que leva o aluno a buscar e alcançar os resultados propostos está intimamente relacionado às condutas e propostas dos professores, de forma que o resultado positivo do aluno também é um mérito do professor, por este saber conduzi-lo até o ponto desejado. Nesse sentido, a participação do estudante nas aulas depende dos métodos utilizados e sua motivação é algo a ser trabalhado pelo professor, a fim de que alcance o desenvolvimento cognitivo e escolar.

De acordo com Maslow (1968), a motivação está associada ao contexto e ocorre mediante manifestações internas somadas às externas, ou seja, os sonhos e os desejos internos e as aspirações que se relacionam às oportunidades que possibilitam o alcance ou a realização destes. Assim, a motivação é fundamental para o desenvolvimento humano, assim como do processo de aprendizagem e de suas capacidades durante o período escolar.

Maslow (1968) aponta que os fatores ligados à satisfação humana estão divididos em cinco níveis, conforme demonstra a Figura 3.2. Esses níveis são: necessidades fisiológicas, segurança, necessidades sociais, necessidades de estima e autorrealização. Dessa forma, é possível afirmar que o indivíduo pode ser motivado em contextos diferentes, de forma a atender suas necessidades em um ou mais pontos tocados na pirâmide de Maslow.

Figura 3.2 Pirâmide de Maslow

- Autorrealização
- Necessidades de estima
- Necessidades sociais
- Segurança
- Necessidades básicas

AAQ/Shutterstock

No que se refere ao desenvolvimento humano, o profissional de educação física deve se fundamentar no campo da psicologia, entre outras áreas, buscando compreender as contribuições para as teorias que abordam o processo de aprendizagem. Nesse sentido, está claro que a educação física envolve mais do que apenas práticas mecânicas, pois abrange conhecimentos e aprendizados que auxiliam no desenvolvimento dos alunos, para que se tornem melhores cidadãos. Além disso, trata de questões que envolvem a mente, a natureza e o fator social para um melhor desenvolvimento cognitivo, estimulando o senso crítico e a prática social. Para isso, utilizam-se ferramentas como jogos, esportes e ginástica, de modo que o estudante desenvolva habilidades por meio delas (Daolio, 2004).

A teoria de Piaget, como mencionamos, traz respostas sobre o processo de ensino-aprendizagem, em que a aprendizagem acontece a partir dos aspectos internos (biológicos e hereditários) e externos (ambiente) dos indivíduos. Assim, pode-se afirmar que a aprendizagem ocorre mediante o desenvolvimento do sistema cognitivo do sujeito, representado na Figura 3.3, e que tudo está diretamente ligado ao lado afetivo, responsável pelos sentimentos, como solidariedade e amizade, pelos desejos, pelos valores, entre outras emoções. A inteligência, então, está ligada ao processo de desenvolvimento do afeto, de forma intrínseca e inseparável (Piaget, 2007).

Figura 3.3 Sistema cognitivo e suas facetas

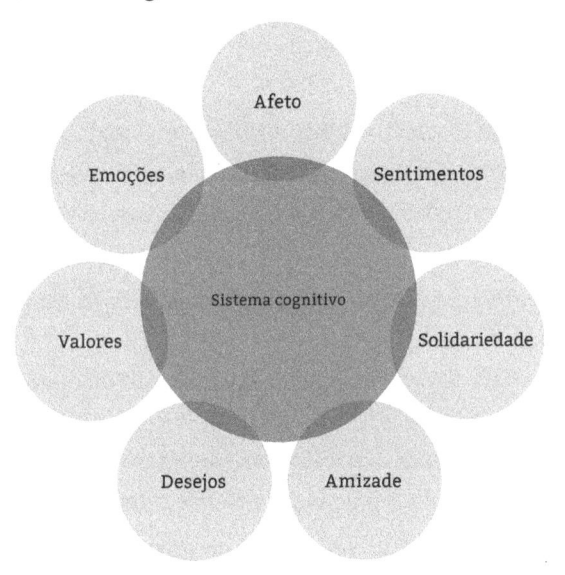

Sistema cognitivo rodeado por: Afeto, Sentimentos, Solidariedade, Amizade, Desejos, Valores, Emoções.

Logo, para um melhor desenvolvimento cognitivo das crianças, o professor deve estabelecer condutas e estratégias educativas fundamentadas nesses aspectos afetivos, de modo a atingir os resultados propostos. Para Prestes (2001), o modelo de crises psicossociais acontece entre as fases dos 14 e 19 anos, em que há a formação da identidade, que se confronta com os papéis que o indivíduo deve tomar ou passa a tomar. Essas relações estão ligadas ao desenvolvimento interpessoal e demandam algum apoio das pessoas ao redor do sujeito.

Assim, a ideia de que o professor deve compreender o público é essencial, visto que as aulas de Educação Física devem ser elaboradas de forma a contemplar as necessidades do estudante, que está em processo de formação psíquica. É importante ressaltar que as necessidades não estão associadas somente às idades ou às fases, de forma que o professor deve desenvolver atividades que contemplem o objetivo coletivo da turma. Ao mesmo tempo, o docente deve ter planejamentos voltados para aqueles que se desviam muito da média (Barros; Ives-Felix, 2017).

Exercício resolvido

A teoria de Maslow explica a hierarquia segundo a qual as necessidades humanas estão dispostas. Com relação isso, analise as afirmações a seguir e assinale V para as verdadeiras e F para as falsas.

( ) A motivação está diretamente relacionada às necessidades do indivíduo.

( ) A satisfação não faz parte do conjunto de elementos da teoria de Maslow.

( ) As necessidades fisiológicas são a base da pirâmide de Maslow e indicam o menor grau de relação.

Agora, assinale a alternativa que apresenta a sequência correta:

a) V, V, F.
b) F, F, V.
c) F, V, V.
d) V, F, V.
e) V, V, V.

Gabarito: D

Feedback do exercício: A teoria de Maslow propõe que a motivação e a satisfação dos sujeitos estão diretamente relacionadas à aprendizagem e ao processo de desenvolvimento. Assim, entre as necessidades, as fisiológicas constituem a base da pirâmide, ao passo que a autorrealização está no topo dessa hierarquia.

De acordo com Erikson (1976), a fase da adolescência exige grande atenção do professor, pois nela surgem diversos fatores orgânicos e ambientais que poderão interferir no processo de desenvolvimento e aprendizado dos alunos. Além disso, as mudanças físicas, como força muscular, crescimento, ciclo hormonal e desenvolvimento sexual, irão desempenhar maiores modificações em suas vidas, podendo gerar constrangimentos e/ou dificuldades para o estudante lidar com tudo isso. Na Figura 3.4, apresentamos o ciclo de mudanças por que os adolescentes passam nessa fase de desenvolvimento.

Figura 3.4 – Ciclo de desenvolvimento humano

```
Mudanças     →    Mudanças     →    Mudanças de
físicas           psíquicas         ambiente
                                         ↓
Desenvolvimento  ←  Formação da   ←  Modificações dos
cognitivo e         identidade        sentimentos
comportamental
```

A imagem corporal, nessa fase, passa a ser a representação da imagem do adolescente. Partindo-se desse contexto, ela pode ser positiva ou negativa, dependendo do contexto e do estado psicológico do jovem, visto que muitos enfrentam grandes dificuldades quanto à própria aceitação, em relação ao corpo em desenvolvimento e suas condições psicológicas. Além disso, a questão da imposição atual de um padrão de beleza produz reflexos no desenvolvimento desses adolescentes, que se veem obrigados a adotá-lo (Barros; Ives-Felix, 2017).

As crises de identidade acontecem em razão da forma como o adolescente passa a pensar seu corpo e sua mente, pois, até então, ele apenas reproduzia tudo aquilo que era visto; agora, entretanto, tem uma identidade própria, isto é, não está mais sujeito aos padrões que a família impõe. Esse crescimento provoca muitas crises relacionadas à aceitação dessa nova fase e à dificuldade de se manter em uma única linha ou padrão (Barros; Ives-Felix, 2017).

A educação física pode constituir um meio importante de se trabalhar as questões da adolescência e mostrar quais são os processos de desenvolvimento, tornando claras as fases e tranquilizando os adolescentes com relação ao seu processo de formação e desenvolvimento, o que possibilita "aos alunos pensar suas possibilidades motoras e a influência que recebem do contexto social, ampliando seu repertório cultural sem deixar de lado, naturalmente, experiências motoras que propiciem sua melhora e/ou refinamento" (Verenguer, 1995, p. 73).

Com relação às interferências sociais no desenvolvimento dos adolescentes, é importante compreender a teoria do desenvolvimento cultural de Vygotsky, a qual propõe que o homem deve ser visto por meio de sua faceta subjetiva. Nesse sentido, considera-se a relação entre os pensamentos e a linguagem, de forma que o desenvolvimento da criança se revela interligado a esses aspectos. Vygotsky visou superar a teoria dicotômica, que tratava apenas de mente e corpo, apresentando novas análises sobre as relações sociais e a história que envolve a transformação sociocultural do indivíduo (Piletti; Rossato, 2015).

No que se refere à dualidade corpo e mente, Vygotsky apresenta uma visão em que o corpo é a totalidade, e isso faz com que vejamos partes divisíveis quando não se pode dividir. Essa ideia de totalidade ressalva a subjetividade do indivíduo e a concepção de que a percepção corporal deve ser material e estabelecer relações entre o interno e o meio social (Merleau-Ponty, 2006).

Portanto, a escola se apresenta como uma precursora no que se refere ao tratamento da historicidade do corpo e sua relação com o desenvolvimento cognitivo dos cidadãos. Nesse sentido, seu papel é valorizar a diversidade cultural e retirar a visão naturalista dos ideais de percepção. Assim, de acordo com

Merleau-Ponty (2006), o corpo deve ser encarado como nossa forma de vida no mundo, ou nossa ancoragem. Nesse sentido, o autor entende que o corpo é o meio que nos conduz no mundo e a forma concreta pela qual nos relacionamos com ele. Sendo assim, o desenvolvimento das funções cognitivas está sempre atrelado ao desenvolvimento corporal e às relações propostas entre o indivíduo e o ambiente.

Síntese

- A psicologia estuda a forma como o desenvolvimento cognitivo acontece, de modo a fornecer subsídios aos profissionais da área para que passem a compreender o processo de evolução dos escolares.
- Embora as teorias abordadas no capítulo apresentem relação com a realidade atual, é válido ressaltar que o conhecimento muda o tempo todo e que nenhuma teoria é capaz de explicar, sozinha, a complexidade do desenvolvimento das funções cognitivas.
- As ideias de Vygotsky estão relacionadas ao corpo, fundamental durante o desenvolvimento humano. Logo, o desenvolvimento e o processo de aprendizagem do indivíduo estão atrelados às experiências adquiridas por meio do corpo.
- Piaget propõe as fases do desenvolvimento, dividindo-as em tempos de desenvolvimento e relacionando-as ao processo cognitivo das crianças. São elas: sensório-motora, pré-operacional, operações concretas e operações formais.
- As teorias que envolvem a racionalização da inteligência levam à ideia de que o desenvolvimento intelectual e cognitivo da criança está associado às suas experiências, e que, mediante o ensino e o estímulo proporcionados pelas brincadeiras, é possível que elas apresentem um desenvolvimento melhor.

- Os estudos de Pavlov contribuíram para a compreensão do condicionamento. Assim, suas implicações para a prática revelam que existem tipos de condicionamento, os quais também estão relacionados ao processo de aprendizagem.
- Watson foi um dos pensadores do behaviorismo e suas ideias estão voltadas para o pensamento de que é preciso estudar apenas aquilo que é concreto e mensurável e confiar apenas nisso, ou seja, no comportamento humano.

A contribuição dos estudos referentes à dimensão psicológica é importante para o desenvolvimento da profissão de educação física, visto que permite a compreensão do desenvolvimento cognitivo, assim como a formulação de estratégias de trabalho voltadas ao aprimoramento do processo de ensino-aprendizagem.

Estudo de caso

O presente caso aborda uma situação em que o profissional se depara com alunos que têm dificuldades de aprendizagem, assim como certo atraso cognitivo. Assim, a proposta está pautada no desenvolvimento de atividades para superar e tentar melhorar as capacidades desses alunos. O desafio é identificar os sinais das alterações, assim como propor tarefas para os escolares a fim de melhorar suas condições de aprendizado e de desenvolvimento.

Texto do caso

João é professor de Educação Física na Escola Municipal Dores da Glória. Ele atende turmas do 1º ao 4º ano e tem grande afeto pelos alunos. No início do ano letivo, João acabou ficando com uma turma de 3º ano do ensino fundamental um pouco mais atrasada em relação às demais. Assim, ele tentou identificar quais eram as dificuldades daquela turma e notou que a maior parte dos alunos já tinha 9 ou 10 anos de idade, assim como apresentavam dificuldades em todas as disciplinas escolares.

Ao levar as crianças à quadra, João percebeu a falta de participação e de entrosamento das crianças, visto que preferiam ficar ao telefone, que era algo permitido pela escola até então. Ao tentar estimular os alunos à prática de vôlei ou futebol, eles diziam que não sabiam jogar e que preferiam jogar no telefone. João percebeu também que o porte físico dos discentes tendia para o sobrepeso, mesmo com as crianças em fase de crescimento.

Ao questionar sobre as atividades de lazer, a maior parte respondeu não sair muito de casa nem praticar esportes ou caminhada. Apenas alguns dos alunos afirmaram que seus pais os obrigavam a caminhar por algum período de tempo, diária ou semanalmente.

Após avaliar as condições físicas dos alunos, João também observou que eles tinham dificuldades de equilíbrio, não sabiam andar de bicicleta, tinham dificuldades para se locomover rapidamente e déficit de atenção para as atividades mais ativas, pois estavam o tempo todo olhando as notificações do telefone.

Com relação à situação relatada, reflita sobre as condições em que esses estudantes se encontram, tanto física quanto cognitivamente. Essas condições podem estar atrapalhando o desenvolvimento de algumas habilidades e competências?

Identifique quais são as dificuldades dos alunos e as relacione com as condições citadas.

Considerando a situação, planeje intervenções baseadas em aulas de Educação Física para melhorar as condições de desenvolvimento e aprendizagem dos alunos dessa turma.

Resolução

Percebe-se o vício no telefone por parte dos alunos, o que reflete um problema da geração atual. Infelizmente, a escola deveria ter proibido o uso dos aparelhos em horário letivo, a fim de evitar as situações relatadas. É possível perceber também o atraso cognitivo e motor relacionado às condições em que os alunos vivem, ou seja, a falta de estímulos sensório-motores, esportivos e de movimento. Essas são condições importantes para que a criança tenha seu desenvolvimento normal e, consequentemente, o desenvolvimento cognitivo e de aprendizado. Todas essas condições se refletem nas dificuldades de raciocínio dos estudantes, assim como na dificuldade física de realizarem certos movimentos, como os de equilíbrio, por exemplo.

Visto a necessidade de se desenvolver atividades lúdicas, em razão da idade dos escolares, seguem algumas sugestões de intervenção:

- **Intervenções com os alunos**: Mostrar para eles a importância de se exercitarem, tanto para a saúde quanto para o aprimoramento das capacidades físicas. O trabalho pode ser desenvolvido de maneira multidisciplinar, de modo que disciplinas como a de Ciências, por exemplo, possam contribuir com aspectos mais relacionados à saúde para o trabalho dessa turma. É importante também que os alunos passem a ter consciência do uso do telefone, sabendo separar os momentos de lazer dos de estudo e de participação em atividades da escola.

- **Intervenções com a família**: O professor pode propor em reunião com os pais que eles tenham mais controle sobre seus filhos no que se refere ao uso do telefone. Também pode propor que eles, juntamente com a escola, reduzam o uso do telefone dentro do ambiente escolar, como forma de respeitar as perspectivas da escola com relação ao aluno, visto que é difícil para o professor, sozinho, retirar um vício que já se encontra instalado. O professor também pode sugerir que, em casa, seja feita uma reeducação quanto ao uso do aparelho, indicando os momentos em que se pode usá-lo e aqueles em que se deve praticar outras atividades, como atividades físicas, escolares e, até mesmo, domésticas. O professor deve salientar que essas medidas são importantes até para o aprimoramento da composição corporal dos escolares, visto que a rotina deles é costumeiramente mais sedentária.

- **Intervenções com a escola**: O professor deve propor à escola a disposição de regras para o uso do telefone, principalmente nos horários de aula, o que impede que os alunos se concentrem e tenham um bom desempenho. Assim, ao propor horários específicos, a escola poderá contribuir também para a formação da disciplina dos discentes, de modo que compreendam as necessidades de se separar os tempos para cada atividade. Dessa forma, com a ajuda dos pais, a conscientização dos alunos e o apoio da escola, é possível que o professor consiga desenvolver melhor suas atividades durante as aulas de Educação Física, assim como obter a participação dos alunos.

A Educação Física deve promover para essa turma atividades voltadas ao desempenho motor, como equilíbrio, agilidade, força e flexibilidade. Ainda assim, é importante que o professor de Educação Física proponha atividades fundamentadas em raciocínio lógico e problemas, para que os alunos encontrem soluções e desenvolvam mais o raciocínio e a cognição. Atividades como labirintos, damas e xadrez também podem ser meios de alcançar os objetivos citados.

Dica 1

O papel do professor de Educação Física na escola é muito importante para o acompanhamento do desenvolvimento psicomotor dos escolares. Confira a seguir uma entrevista com o professor Sérgio Carneiro Junior, mestre em Desenvolvimento Humano e Tecnologias. Na entrevista, ele fala sobre os aspectos que o professor deve abordar, assim como o que pode ser observado nos alunos durante esse percurso.

A EDUCAÇÃO física é parte fundamental do desenvolvimento cognitivo. **Fundação Romi**, 8 abr. 2019. Entrevista com Sérgio Carneiro Junior. Disponível em: <https://fundacaoromi.org.br/fundacao/index.php?pag=padrao&op=romi&id=831&op2=not>. Acesso em: 22 jul. 2022.

Dica 2

O vídeo a seguir aborda as condições cognitivas dos alunos, assim como os fatores apontados como negativos e as relações que eles detêm com as condições citadas. Confira no vídeo os aspectos relacionados à tendência cognitiva de Jean Piaget.

JEAN Piaget – tendência cognitiva. **Avaunitins**. 10 min. Disponível em: <https://www.youtube.com/watch?v=_CGu08gXTC4>. Acesso em: 22 jul. 2022.

Dica 3

A leitura do artigo a seguir pode auxiliá-lo, leitor, no raciocínio sobre as condições para a resolução do caso citado. O artigo trata das teorias da aprendizagem, assim como do papel do aluno e do professor diante das necessidades de aprimoramento do processo de aprendizagem.

ALMEIDA, L. S. Facilitar a aprendizagem: ajudar aos alunos a aprender a pensar. **Psicologia Escolar e Educacional**, v. 6, n. 2, p. 155-165, 2002. Disponível em: <https://www.scielo.br/j/pee/a/cGwP8VQynhXsDDdcXCsRK3R/?format=pdf&lang=pt>. Acesso em: 22 jul. 2022.

Capítulo 4

Relações interpessoais

Conteúdos do capítulo
- Relações interpessoais na educação física.
- Psicologia dos grupos e das equipes.
- Construção da sociedade.
- Grupos e equipes.
- Estrutura do grupo.

Após o estudo deste capítulo, você será capaz de:
1. identificar os processos de relações interpessoais e conceituá-los;
2. compreender a relação entre a educação e o estudo das relações interpessoais, assim como suas implicações práticas;
3. definir a forma como se desenvolvem os grupos e as equipes, assim como diferenciá-los com base em seus conceitos;
4. perceber como a sociedade é formada por meio das relações intersociais e quais relações estão presentes no dia a dia;
5. analisar a estrutura do grupo, exemplificando as formas como se manifesta no dia a dia do profissional de educação física.

A psicologia voltada a questões interpessoais estuda as relações entre as pessoas, que normalmente formam grupos e/ou equipes. Essas relações são permeadas, muitas vezes, por interesses próprios ou em comum, o que leva o grupo a interagir e a buscar objetivos comuns.

O estudo dos aspectos que compõem a historicidade, o conceito e os processos de formação dos grupos é importante para que o profissional de educação física compreenda como estão (ou podem estar) dispostas essas relações em diferentes ambientes. Assim, ele poderá traduzir essas ideias para outros contextos além do esportivo.

A educação física atua, no âmbito escolar, sobre essas variáveis psicológicas, assim como sobre os fatores psicossociais relacionados aos alunos, a fim de promover a igualdade. Além disso, busca valorizar as relações das crianças entre si e com os professores. Assim, a Educação Física, no processo de formação de cidadãos, deve atuar de forma ativa, sendo importante para que as relações aconteçam com a maior harmonia possível, pois é mais complexa que apenas ensinamentos de desenvolvimento motor. Trata-se de uma disciplina da grade curricular educacional que também tem a função de desenvolver nos alunos o senso crítico e o conhecimento do mundo ao seu redor e da sociedade, sendo uma disciplina complexa e que, por isso, permite o desenvolvimento pleno dos estudantes.

Quando se pensa no público em geral, as ações da educação física tem como objetivo o estabelecimento da harmonia nos ambientes, assim como de ações colaborativas entre os membros que compõem o grupo ou a equipe. Esse tipo de atividade promove também o desenvolvimento de atitudes e sentimentos positivos nos indivíduos com relação a si mesmos (identidade) e aos outros (relação interpessoal), o que é extremamente importante para o desenvolvimento da cidadania e a estimulação de uma vida em sociedade saudável, com respeito e harmonia entre as populações (Chiavenato, 2003).

Dessa forma, o estudo das relações interpessoais é muito importante para o profissional de educação física, visto que suas funções estão pautadas nos princípios e teorias relacionados à área. É importante ressaltar que os indivíduos podem exibir padrões diferenciados, assim como os grupos, cabendo ao profissional adequar suas práticas, quando necessário, e se adaptar para atendê-los.

4.1 Relações interpessoais na educação física

O relacionamento humano é importante em todas as esferas da sociedade. Trata-se de uma característica humana; porém, para que as relações sejam harmônicas, existem regras a serem seguidas.

As relações interpessoais são aquelas desenvolvidas entre seres humanos. No âmbito da psicologia, pode se referir à relação paciente e psicólogo. Já no campo da educação física, pode se referir tanto à relação professor e aluno quanto à relação profissional de educação física e atleta ou praticante amador, por exemplo. Dessa forma, podemos perceber que as relações interpessoais permeiam a vida do ser humano e promovem a união.

É importante entender os tipos de relações, principalmente aquelas formadas entre grupos, assim como os conflitos que podem surgir entre eles. Na escola, as relações entre professor e aluno podem direcionar este último ao fracasso ou ao sucesso. É preciso, então, que haja um relacionamento compatível e empático.

Antunes (2009) enfatiza a importância do relacionamento interpessoal entre professores e estudantes como uma ferramenta indispensável. Ele instrui os professores de várias maneiras: a manter o humor, a não insistir em discutir assuntos redundantes, a ouvir e posicionar os estudantes antes de julgá-los, a identificar erros, a reconhecer que estão incomodados e que facilmente se sentem inseguros quando solicitados etc. Ao abordar o comportamento disciplinar, os professores também devem saber agir com seriedade, rapidez e justiça.

A importância da relação pessoal pode ser percebida desde o nascimento até a morte, visto que é responsável pela transmissão e pela recepção de informações. Além disso, atua em todas as faixas etárias, etnias, línguas, formas de comunicação, entre outros. Por meio das relações, é possível que eduquemos o próximo e também que possamos transmitir valores e princípios. O estabelecimento de relações saudáveis no âmbito escolar faz parte do papel do professor e seus benefícios podem ser bem-vistos mediante o desempenho dos alunos e o retorno na construção social (Enguita, 1989).

As relações humanas são, portanto, desenvolvedoras da comunicação e dos processos de aprendizagem, comportamento e coletividade. Por meio delas é que se torna possível o processo de comunicação, razão por que elas têm papel fundamental no desenvolvimento humano (Chiavenato, 2010).

Essas relações também permitem a construção de trabalhos significativos, de posturas comportamentais e de modelos de coletividade para os grupos. Nesse contexto, o trabalho escolar encontra-se intimamente atrelado a essas relações, sendo definido pelo desempenho profissional em proporcioná-las (Chiavenato, 2004).

De acordo com Gadotti (1997), as relações entre as pessoas no ambiente escolar promovem a responsabilidade pessoal e profissional de todos os envolvidos, de forma que o resultado é o bom desempenho das funções, assim como a gestão adequada para os contextos dos alunos. Dessa maneira, são construídos vínculos afetivos importantes e o grupo passa a trabalhar de maneira conjunta e harmoniosa. As questões relacionadas à hierarquia da gestão escolar também contribuem para o incentivo dessas relações harmoniosas, tornando-se, assim, uma das estratégias de gestão voltadas para o fim de resultados positivos.

É válido destacar que o ambiente escolar não é formado apenas por relações harmoniosas. Isso porque as relações tendem a ser conflituosas em virtude das diferentes personalidades e formas de pensamento e comportamento dos sujeitos. Assim, é papel também do gestor e dos professores manter a harmonia entre os grupos, de modo a neutralizar possíveis desavenças entre a turma e/ou o grupo. A hierarquia deve ser gerida de forma inteligível, para que não prejudique os interesses dos indivíduos da equipe ou, até mesmo, dos próprios alunos no ambiente escolar. Dessa forma, a dinâmica escolar deve estar sempre organizada para que sejam mantidas as metodologias adequadas entre a equipe, as turmas e a direção escolar (Saviani, 1994).

Nesse contexto, o papel do professor é fundamental para o sucesso do estudante. Quando o aluno sofre rejeição do professor, normalmente recusa a prática do ensino formal; por isso, é relevante que o docente tenha uma prática satisfatória ao lidar com os discentes.

Segundo Dos Anjos, Oliveira e Sousa (2018, p. 1):

> *Quando o professor possui uma boa didática e é flexível às opiniões dos alunos, é visível que eles mantêm melhor relação e o desenvolvimento tem maiores chances de ocorrer e a aprendizagem se torna mais fácil. O professor quando assume o papel de mediador e não de depositador de conteúdos consegue entreter o[s] alunos, pois utiliza dos conhecimentos dos mesmos para criar uma reflexão e a partir disto gerar um aprendizado autêntico.*

Além da questão da empatia, quando o professor tem uma boa didática, mediada pelo respeito e pela colaboração, os estudantes tendem a mostrar-se mais afáveis ao conhecimento, pois sabem que suas concepções serão também consideradas. Isso porque o docente não detém a verdade absoluta e está construindo os saberes junto com os estudantes, por meio das relações interpessoais.

> ### Curiosidade
>
> Você sabia que a gestão escolar está contida nas relações e nos vínculos entre os indivíduos que fazem parte da equipe?
> Essa participação deve contar com objetivos democráticos e atuar de forma ativa para que todos convivam bem e estabeleçam relações importantes entre si. Dessa forma, é possível desempenhar um trabalho significativo e que permita a união das formas dos indivíduos em prol da comunidade escolar.

Saviani (1994) acrescenta que os grupos sociais estão em constante interação social e que, por meio das relações humanizadas, são propostas ações para atitudes harmoniosas. Embora cada pessoa tenha sua personalidade e forma diferenciada de comportamento, é possível que as ações e atitudes tomem rumos parecidos quando pactuadas em objetivos comuns da equipe. Além disso, o comportamento humano está relacionado a atitudes e normas impostas, de modo que o grupo tende a participar de forma igualitária e com ações cada vez mais próximas umas das outras.

Para Del Prette e Del Prette (2001), as relações interpessoais se associam à interação social de tal forma que o poder de expressão e o respeito ao próximo devem estar acima das ações interpessoais saudáveis. Assim, a atitude deve estar atrelada tanto às ações quanto aos métodos de trabalho adotados, para que a equipe aja de forma a produzir sempre resultados positivos. As relações saudáveis promovem harmonia no ambiente de trabalho, fazendo com que este se torne ainda mais prazeroso e condizente com seus objetivos.

Sobre essas relações no âmbito escolar e no que se refere à educação física, é importante ressaltar que esta não deve ser aplicada como simples prática de esportes: é preciso a aplicação de métodos pedagógicos (Galatti et al., 2008), a fim de garantir a formação plena dos alunos.

Para Chiavenato (2003), as relações cultivadas entre a equipe escolar são influenciadas por vários fatores, incluindo os aspectos referentes às relações interpessoais. Assim, o sucesso dessas relações pode predizer a união e a harmonia, visando ao crescimento pessoal e ao bom desempenho das atividades educacionais. Assim, as relações têm se mostrado cada vez mais importantes, visto a necessidade de se minimizar os conflitos e as pressões comuns provenientes de diferenças. A educação física, nesse sentido, permite que sejam trabalhadas essas condições tanto na equipe escolar quanto entre os alunos, que serão os futuros cidadãos e responsáveis pelo mundo. Esse trabalho pode ajudar a neutralizar certos tipos de comportamentos e a cultivar os interesses grupais, como forma de minimizar os conflitos e manter a harmonia e a boa relação em comunidade.

Considerando-se que a área da educação física é bastante ampla e trata de uma diversidade de ações, nela as relações interpessoais acontecem o tempo todo. Trata-se de um campo que trabalha com o movimento humano, uma das funções orgânicas que auxilia no desempenho das relações pessoais, pois é por meio do movimento que se estabelecem os gestos e a comunicação não verbal. Os movimentos podem ser amplamente desenvolvidos no campo esportivo e em jogos e brincadeiras, além de serem atividades que garantem o desenvolvimento das relações interpessoais no âmbito da educação física (Bock; Furtado; Teixeira, 2001).

No contexto escolar, a Educação Física se encontra como uma mediadora entre o aluno e a aprendizagem, por desenvolver as posturas adequadas do discente e promover a disciplina, atenção e diferenciação dos momentos de concentração e de lazer. Todas essas vertentes são passíveis do trabalho escolar e são imprescindíveis para o desenvolvimento do aluno em seu desempenho escolar (Bock; Furtado; Teixeira, 2001).

Quando se aborda a Educação Física escolar, deve-se ter em mente que é uma prática voltada à educação, ou seja, seus conteúdos seguem um conjunto de conhecimentos originados no domínio acadêmico, sendo então uma disciplina que compõe uma grade curricular presente na educação básica (Nunes; Couto, 2021).

Diante da complexidade do ensino da Educação Física escolar, o professor responsável deve ter mente que, antes de seus planejamentos de aula, é preciso identificar as necessidades dos alunos, bem como o meio social em que estão inseridos. Dessa forma, é possível estabelecer os objetivos necessários a serem alcançados com as aulas, elaborando conteúdos e métodos de ensino capazes de atingi-los (Daolio, 2004).

A Educação Física escolar tem objetivos já estabelecidos nos Parâmetros Curriculares Nacionais – PCNs (1997, p. 5):

- *compreender a cidadania como participação social e política, assim como exercício de direitos e deveres políticos, civis e sociais, adotando, no dia a dia, atitudes de solidariedade, cooperação e repúdio às injustiças, respeitando o outro e exigindo para si o mesmo respeito;*
- *posicionar-se de maneira crítica, responsável e construtiva nas diferentes situações sociais, utilizando o diálogo como forma de mediar conflitos e de tomar decisões coletivas;*
- *conhecer características fundamentais do Brasil nas dimensões sociais, materiais e culturais como meio para construir progressivamente a noção de identidade nacional e pessoal e o sentimento de pertinência ao País;*
- *conhecer e valorizar a pluralidade do patrimônio sociocultural brasileiro, bem como aspectos socioculturais de outros povos e nações, posicionando-se contra qualquer discriminação baseada em diferenças culturais, de classe social, de crenças, de sexo, de etnia ou outras características individuais e sociais;*
- *perceber-se integrante, dependente e agente transformador do ambiente, identificando seus elementos e as interações entre eles, contribuindo ativamente para a melhoria do meio ambiente;*
- *desenvolver o conhecimento ajustado de si mesmo e o sentimento de confiança em suas capacidades afetiva, física, cognitiva, ética, estética, de inter-relação pessoal e de inserção social, para agir com perseverança na busca de conhecimento e no exercício da cidadania;*

- conhecer e cuidar do próprio corpo, valorizando e adotando hábitos saudáveis como um dos aspectos básicos da qualidade de vida e agindo com responsabilidade em relação à sua saúde e à saúde coletiva;
- utilizar as diferentes linguagens – verbal, matemática, gráfica, plástica e corporal – como meio para produzir, expressar e comunicar suas ideias, interpretar e usufruir das produções culturais, em contextos públicos e privados, atendendo a diferentes intenções e situações de comunicação;
- saber utilizar diferentes fontes de informação e recursos tecnológicos para adquirir e construir conhecimentos;
- questionar a realidade formulando-se problemas e tratando de resolvê-los, utilizando para isso o pensamento lógico, a criatividade, a intuição, a capacidade de análise crítica, selecionando procedimentos e verificando sua adequação.

Assim, percebe-se que a Educação Física escolar, como já mencionamos, é mais complexa do que as práticas mecânicas, visto que envolve conhecimentos que visam ao desenvolvimento físico, cognitivo e social.

De acordo com Chiavenato (2003), o grupo envolve relações dinâmicas entre as pessoas, as quais estão unidas pelo pensamento de formarem um grupo. Assim, esses membros estabelecem comunicação influenciando e sendo influenciados por outros membros do grupo. A finalidade coletiva está atrelada a um objetivo em comum, como vencer uma partida, desvendar um problema ou obter maior aprendizado. Assim, a educação física utiliza as práticas corporais para concretizar essas relações e as formas de aprendizado dos alunos. Por meio das práticas propostas, o professor manifesta sentimentos de prazer, respeito ao próximo, tolerância, entre outros. Nessa concepção, são trabalhados os valores e as identidades dos estudantes, de forma a colocar em questão as atitudes corretas (esperadas) e incorretas (inesperadas) (Bock; Furtado; Teixeira, 2001).

Essas formas de interação e conscientização são importantes para que o professor acesse as individualidades dos alunos, bem como para mostrar as relações sociais a eles, de modo a prepará-los para a convivência em sociedade. Os discentes são desafiados a experimentar novas experiências e a lidar com os próprios comportamentos diante da turma. Nesse sentido, o docente deve instigá-los a desenvolver seu comportamento cada vez mais. Assim, a turma, como equipe, pode exercitar os aprendizados adquiridos e exercer o respeito e o companheirismo estimulados pelo professor em aula (Falkenbach, 2002).

De acordo com Chiavenato (2003), as atividades grupais estimulam os alunos para a prática pautada na harmonia e o estabelecimento de inter-relações. Tendo isso em vista, o autor apresenta as relações interpessoais da seguinte forma:

> As relações interpessoais entre os membros de um grupo recebem o nome de relações intrínsecas. As relações extrínsecas são relações que o grupo ou membros mantêm com os outros grupos ou pessoas. Como um ser social, o homem tem necessidade de estabelecer relações com outras pessoas. Para a Escola de Relações Humanas, a produção tende a aumentar quando há contatos sociais entre as pessoas que executam determinada operação. As pessoas desejam mais do que ter apenas amigos, elas desejam fazer parte, isto é, participar de um papel dentro da organização ou de um grupo. O convívio social e as experiências compartilhadas com os colegas de trabalho situam-se entre as fontes mais poderosas de satisfação no trabalho. Os grupos formam todas as facetas da vida organizacional. O conhecimento da dinâmica grupal ajuda o administrador a ser bem-sucedido. (Chiavenato, 2003, p. 132)

Para saber mais

De acordo com Campos (1986), o professor desperta os interesses individuais e da equipe, de forma a estimular as relações e inter-relações entre os alunos. Essa ação mediadora os leva a pensar sobre as ações corretas e incorretas, assim como em sua formação – por exemplo, quem cada um gostaria de ser e quais consequências estariam dispostos a sofrer para alcançar seus objetivos. Essa mediação é bastante relevante, uma vez que é parte da formação do cidadão para uma vida em sociedade, pois, por meio dela, o estudante pratica julgamentos e valores sobre as ações tomadas e suas consequências.

Confira a seguir uma matéria que fala sobre o papel mediador do professor na contemporaneidade.

SANTOS, E. S. Trabalhando com alunos: subsídios e sugestões. **Revista Gestão Universitária**, v. 40. Disponível em: <http://www.udemo.org.br/revistapp_02_05professor.htm>. Acesso em: 21 jul. 2022.

Reiterando, a Educação Física se estabelece no meio escolar como uma das disciplinas formadoras do cidadão, em que ele aprende a observar e controlar seu comportamento e viver em comunidade. Visto que a formação escolar tem esse objetivo principal, a Educação Física age como meio integrador entre os ensinos, de forma a direcionar a aprendizagem e a troca de experiências, principalmente no âmbito comportamental e do movimento (Falkenbach, 2002).

É importante acrescentar que é papel do professor incentivar o ambiente lúdico-educativo, de forma que o aluno tenha subsídios para seu crescimento pessoal e formação profissional. Assim, ele deve atuar de maneira a desenvolver as zonas cerebrais, estimulando os mecanismos psíquicos, emocionais, psicológicos e sociais dos educandos. Além disso, suas atividades devem desempenhar a cooperação, o equilíbrio físico e emocional, a concentração, a percepção e a disciplina no ambiente escolar. Em síntese, o trabalho do professor deve ser completo e complementar o processo de formação desses alunos, contando com a cooperação e a contribuição destes nessa trajetória (Bock; Furtado; Teixeira, 2001). Para Chiavenato (2003, p. 346):

A cooperação é o elemento essencial da organização e varia de pessoa para pessoa. A contribuição de cada pessoa para o alcance do objetivo comum é variável e depende do resultado das satisfações e insatisfações obtidas realmente ou percebidas imaginariamente pelas pessoas como resultado de sua cooperação. Daí decorre a racionalidade. As pessoas cooperam desde que o seu esforço proporcione satisfações e vantagens pessoais que justifiquem tal esforço. A cooperação é fruto da decisão de cada pessoa em função dessas satisfações e vantagens pessoais. Em uma organização composta de poucas pessoas, os objetivos organizacionais confundem-se com os objetivos pessoais de cada uma delas.

Nesse sentido, todas as atividades propostas no campo da educação física deveriam desenvolver uma ou mais dessas características nos alunos, complementando sempre seu processo de formação, considerando-se também o contexto em que se encontram. Vale ressaltar que esse trabalho desempenhado pela Educação Física deve ser apoiado pelo gestor escolar e também pelos pais, de forma que o professor tenha total autonomia para agir e atuar com os alunos, oferecendo-lhes sempre o caminho para o desenvolvimento social e intelectual (Bock; Furtado; Teixeira, 2001).

Exercício resolvido

Os grupos sociais estão em constante adaptação e reorganização. Isso acontece em virtude da dinamicidade e das novas necessidades que surgem com o passar dos tempos. Com relação às relações sociais que permeiam as interações propostas em uma sociedade, analise as afirmações a seguir e assinale V para as verdadeiras e F para as falsas.

( ) A atitude está relacionada às ações que são produzidas pelos membros da sociedade e somam-se para formar resultados positivos.

( ) O comportamento humano não depende das atitudes ou das normas impostas pelos grupos, visto que isso é inerente ao ser humano.

( ) O ambiente escolar é um dos primeiros lugares em que se cultivam as relações sociais, de forma a preparar o indivíduo para a vida em sociedade.

Agora, assinale a alternativa que apresenta a sequência correta:

a) V, V, V.
b) F, F, V.
c) F, V, V.
d) V, F, V.
e) F, F, F.

Gabarito: D

Feedback **do exercício:** As atitudes estão relacionadas às ações dos indivíduos para gerar resultados positivos, os quais podem ser alcançados de forma individual ou em grupo. O comportamento humano é dependente das atitudes e das normas impostas pela sociedade, como forma de normalização desse comportamento. O ambiente escolar também contribui para a formação da cidadania e prepara para a vida em sociedade.

4.2 Psicologia dos grupos e das equipes

O cotidiano do ser humano é dependente das relações grupais. A vida é criada em conjunto, sendo que ninguém é capaz de viver sozinho ou de forma independente, até mesmo no âmbito psicológico e no pensamento. Nosso dia a dia está rodeado de pessoas com quem nos relacionamos e de que dependemos, seja nossa própria família, sejam nossos clientes, sejam os produtores de nossos alimentos (Bock; Furtado; Teixeira, 2001).

De acordo com Alexandre (2002), o ser humano é um ser sociável e socializador, que necessita se comunicar e viver em sociedade, o que o leva a participar de grupos sociais. Dessa maneira, para a compreensão dessa interação social, das manifestações que envolvem o comportamento dos indivíduos e das expectativas que são criadas é usada a psicologia. Pode-se perceber que o estudo da psicologia, nesse sentido, está voltado ao aspecto social. A área dedicada a esse estudo é a psicologia social, que se ocupa das relações sociais.

Na sociedade, há a necessidade de regras e normas para que as pessoas consigam conviver. Assim, de acordo com Bock, Furtado e Teixeira (2014), existem as regras criadas por leis e as normas que são criadas por nós mesmos e pelo senso de comunidade (nossa cultura).

Logo, o fenômeno da institucionalização explica como funcionam as regras impostas pelas pessoas, de forma que todos possam usufruir do ambiente ou do serviço de forma legal. Por exemplo, na escola, o porteiro deve abrir as portas em um horário exato, no qual os funcionários que cuidam da limpeza já devem ter terminado seu serviço e os alunos estão preparados para iniciar a entrada. Normalmente, todos entrarão pelo portão em um intervalo de tempo, algo que chamamos de *regularidade* (Bock; Furtado; Teixeira, 2001).

Exemplificando

A escola é uma instituição que conta com horários preestabelecidos: para iniciar ou finalizar as aulas, para a realização de provas, para momentos de lazer etc. Isso cria uma rotina para os alunos, pois é importante que eles tenham o compromisso de chegar nas aulas nos horários, assim como os professores, garantindo, dessa forma, o cumprimento das regras estabelecidas. Assim, a instituição escolar tem o dever de estabelecer esses horários, tanto para alunos quanto para professores, a fim de que tudo saia da forma esperada pela comunidade em geral (escola, estudantes e responsáveis).

Portanto, a convivência em sociedade depende de processos grupais, que compõem uma rede de relacionamentos, a qual pode ser caracterizada por relacionamentos equilibrados de poder entre os participantes ou por meio de líderes ou subgrupos que detêm o poder e determinam obrigações e normas, que padronizam a vida coletiva. Relações de poder em um grupo, no entanto, afetam a participação dos membros nos processos de comunicação, no seguimento das normas, na tomada de decisões e na aplicação de punições (Alexandre, 2002).

Cada grupo tem uma história, por meio da qual é possível verificar as transformações que foram ocorrendo. As normas podem ser alteradas de duas formas: pela criação de novas regras ou pela modificação das já existentes diante da nova realidade. O sistema de punição para os infratores, por exemplo, pode se tornar mais ou menos rígido, dependendo do grau de controle que o grupo deseja manter em relação aos membros. Quando existe a falta de controle e ocorrem punições severas para situações simples, isso pode levar a conflitos de valores. Esses conflitos decorrem de confrontos permanentes entre as diferentes visões que existem no grupo (Krüger, 1998).

Portanto, todo grupo necessita de normas, as quais devem estabelecer padrões de comportamento ou expectativas compartilhados pelos membros que o compõem, que usam esses critérios para julgar com propriedade ou adequação sentimentos e comportamentos. Cada grupo, não importa o quão grande ou pequeno seja, precisa estabelecer normas para ser eficaz (Krüger, 1998). Por exemplo, professor e aluno podem estabelecer um padrão, uma norma para o seguimento das aulas, a fim de alcançar os objetivos da aula de forma efetiva.

Em quase todos os grupos sociais é possível estabelecer o papel que cada membro deve desempenhar dentro de seu grupo. O papel será a soma dos comportamentos esperados pelo indivíduo em uma situação específica, de acordo com sua posição no grupo. Nesse sentido, o papel social é um modelo de comportamento definido pelo grupo, uma vez que nenhum grupo social opera sem estabelecer funções para seus membros. Logo, existe uma variedade de funções desempenhadas pelos participantes, as quais costumam causar tensão e conflito entre os membros. Essa situação pode resultar no abandono ou na expulsão de membros do grupo (Alexandre, 2002).

Assim, as normas sociais, bem como o *status* subjetivo e social, influenciam no papel desempenhado pelos membros de um grupo. O papel subjetivo do indivíduo (atribuído por si mesmo) é necessário para que ele se alinhe às expectativas dos outros participantes. Existem, dessa forma, vários aspectos que afetam o estabelecimento da função, entre os quais podemos citar: normas culturais, idade, gênero, *status* social, nível de escolaridade, expectativas etc. Portanto, os papéis desempenhados pelos membros variam, sendo baseados nas características do grupo ao qual pertencem.

Quando se trata de grupos formados no ambiente escolar, o papel mais importante é o do professor. De acordo com Vygotsky (2003), o docente é responsável pela organização do ambiente social, tendo o papel de mediador entre o estudante e o conteúdo que está sendo aplicado; por isso, sua atuação é de suma importância nesse novo modelo de educação. Assim,

> *O ato de ensinar do professor talvez seja a expressão de maior reconhecimento de se ter o aluno como o centro de todo o processo educacional. A escola atual tem um papel decisivo de minimizar defasagens entre o cotidiano tecnológico das crianças e as abstrações naturais definidas nas bancas escolares.* (Pontes, 2018, p. 166)

Desse modo, nesse novo modelo de aprendizagem, é preciso que o estudante seja o foco. Antigamente, o aluno era relegado ao segundo plano; hoje, ele é o centro do processo educacional. Seus conhecimentos e *habitat* são considerados nesse modelo, a fim de que haja um ensino contextualizado e prático, pois o discente precisa entender por que necessita daquele conhecimento na vida cotidiana, a fim de que seu aprendizado seja estimulado.

Conforme menciona Selbach et al. (2010, p. 18), "a verdadeira e transformadora aprendizagem é um processo que começa com o confronto entre a realidade do que sabemos e algo novo que descobrimos ou mesmo uma nova maneira de se encarar a realidade". O que acontece, então, nesse novo modelo de aprendizagem, é que o estudante agrega ao seu conhecimento de mundo novos saberes que serão partilhados no seu meio, constituindo-se, desse modo, um multiplicador.

A figura do professor, nessa realidade, é de um mediador que pode levar e receber conhecimento, fazendo uma interação com seus estudantes de modo a aguçar o interesse deles pelo saber, mesmo diante de tantas tecnologias disponíveis na atualidade, que podem servir, também, de empecilhos, distraindo os alunos, caso a mediação não seja bem direcionada.

Evidencia-se, enfim, que as novas tecnologias podem ser um instrumento de grande valia na educação, cabendo ao professor mediar o ensino de forma que o conhecimento do estudante seja respeitado. Assim, a função do docente é liderar o grupo de alunos para a excelência na sua formação.

4.2.1 Psicologia institucional

A psicologia institucional é voltada para o estudo da institucionalização e o conhecimento das formas de sociedade. O termo *instituição* designa um local em que se presta algum tipo de serviço, como os serviços de saúde e os sociais. Esse termo também é utilizado para denominar organizações sociais, como a família, por exemplo, que é considerada uma instituição modelar. Trata-se de um termo, portanto, que define o processo de institucionalização da sociedade (Bock; Furtado; Teixeira, 2001).

A institucionalização, como mencionado, está relacionada ao processo de formação ou construção social. Assim, percebe-se a regularidade de comportamento que os indivíduos vão repetindo ao longo de suas vidas, de forma a facilitar suas atividades. Essa regularidade é conhecida como *hábito*, o qual se estabelece por razões concretas, tornando-se uma tradição. Marcada pelos exemplos dos antepassados, a tradição também é uma forma de conhecimento empírico (Bock; Furtado; Teixeira, 2001).

A tradição é algo que é repassado por diversas gerações e que pode, com o tempo, deixar de existir, em razão de questionamentos e do surgimento de novas culturas. Dessa forma, a perda da tradição se torna uma regra social que passa a ser institucionalizada (Bock; Furtado; Teixeira, 2001).

Exemplificando

Uma tradição cultural é a poligamia, que se constitui em uma prática ainda aceita em algumas nações. Trata-se de uma tradição que permite que um homem se case com várias mulheres ao mesmo tempo, ao contrário do casamento monogâmico, que surgiu em países como a Grécia Antiga e o Oriente Médio. Nesse caso, é possível perceber a diferença entre as cultura em relação a essa questão.

4.3 Grupos e equipes[1]

Os conceitos de *grupo* e *equipe* são distintos. Um *grupo* é definido como duas ou mais pessoas que interagem entre si sob certa influência. Logo, um time de futebol ou de voleibol que tem um objetivo em comum (como o treinamento) e promove interação entre suas partes (aquecimento e competição, por exemplo) é considerado um grupo. Já as pessoas que combinam de se reunir em um dia da semana para um jogo de futebol, por exemplo, não

---

[1] Esta seção está fundamentada na obra de Weinberg e Gould (2017).

podem ser consideradas um grupo, pois elas podem não ter uma interação de forma estruturada. Então, uma reunião de indivíduos não necessariamente compõe um grupo, e o grupo não pode ser sempre uma equipe (Weinberg; Gould, 2017), pois esta consiste um grupo que compartilha um propósito em comum.

De acordo com Weinberg e Gould (2017), em ambos os casos, as pessoas podem ter similaridades, como gostar dos demais membros, mas os que compõem o grupo têm objetivos em comum, como tonificação ou perda de peso. Os componentes de uma equipe possuem algumas características básicas:

- senso de identidade coletiva;
- papéis distintos;
- formas de comunicação estruturadas;
- normas.

Nesse caso, os indivíduos obedecem a padrões, como: senso de coletividade; conhecimento dos papéis de todos os membros, mas distinção entre eles; linhas de comunicação adequadas; e regras que definem a sociedade e orientam os participantes da equipe com relação a seus atos e ações.

O desenvolvimento de um grupo acontece a partir de uma equipe, em que cada indivíduo detém sua função e e tem um papel bem estabelecido. É importante ressaltar que uma equipe pode ser qualquer grupo de pessoas, mas elas precisam interagir de forma concisa e com objetivos comuns (Carron; Hausenblas, 1998). Já a formação de uma equipe acontece por meio de processos evolutivos, em que o sujeito se encontra em constante desenvolvimento e reage aos fatores internos e externos ao grupo.

Exercício resolvido

A sociedade é formada por grupos e equipes, de forma que cada um deles exponha seus interesses e culturas diferentes. Os grupos e as equipes se diferenciam quanto à estrutura e à temática. Com relação à conceituação desses dois termos, analise as afirmações a seguir e assinale V para as verdadeiras e F para as falsas.

( ) Os grupos são formados por duas ou mais pessoas que interagem sobre uma influência externa, a qual impõe sobre eles algumas condições.

( ) A equipe consiste no grupo sistematizado, em que se tem um objetivo em comum e a distribuição de tarefas e postos entre seus membros.

( ) São características de uma equipe o senso de identidade coletiva, os papéis, a comunicação e as normas.

Agora, assinale a alternativa que apresenta a sequência correta:

a) V, V, V.
b) F, F, V.
c) F, V, V.
d) V, F, V.
e) F, F, F.

Gabarito: C

Feedback do exercício: Os grupos podem ser formados por duas ou mais pessoas que tenham interesses próximos ou comuns. A equipe consiste em uma formação mais sistemática de grupo em que se busca um alvo em comum. A equipe é um tipo de grupo em que as características estão mais sistematizadas, pois apresenta formação de interesse em identidade coletiva, distribuição de papéis, formas de comunicação e normas.

Para que seja mais clara a compreensão sobre grupos e equipes, abordaremos as teorias que definem esses termos, assim como a constituição de tais formas na prática. Apresentaremos, assim, as perspectivas linear, cíclica e pendular. Cada uma delas explica os estágios de formação dos grupos, para que seja possível compreender esses aspectos e relacioná-los à prática cotidiana.

Sob a **perspectiva linear**, entende-se que o processo de formação dos grupos acontece de maneira progressiva, passando-se por estágios diferentes durante sua trajetória. Cada estágio conta com questões críticas, que devem ser consideradas para que o grupo passe para a próxima etapa. Esse modelo foi proposto por Bruce Tuckman em 1965, o qual defendia que a formação de grupos passa por quatro estágios e se desenvolve de forma a executar suas tarefas em grupo. Os estágios a serem considerados são a formação, o tumulto, a normalização e a atuação.

O estágio de formação consiste na familiarização dos membros, em que são realizadas as comparações quanto a fatores sociais, forças e fraquezas. O segundo estágio, o tumulto, consiste na resistência ao líder ou ao controle imposto. Além disso, essa é uma fase marcada pelo conflito interpessoal, em que há a resistência emocional e podem ocorrer até rivalidades quando os indivíduos estabelecem seus papéis. A fase de normalização é marcada pela solidariedade e pela cooperação, visto que os conflitos são resolvidos e inicia-se o senso de comunidade, ou unidade, como proposto na literatura. Já a quarta fase, o desempenho, é marcado pela canalização de energias para o sucesso da equipe, em que as forças são unidas para a melhora do desempenho do grupo.

De acordo com a **perspectiva cíclica**, a formação de grupos está alinhada ao ciclo de vida. Dessa forma, entende-se que eles nascem, crescem e morrem. Esse modelo se diferencia do linear por apresentar a fase terminal, quando o grupo é finalizado (dissolução do grupo). Nessa visão, conforme o grupo se desenvolve e cresce, ele já está se preparando para a dissolução, que será a próxima etapa. Esse é um tipo de modelo comum aos grupos de atividade física, como aqueles que têm um tempo exato de duração, como 10 a 15 semanas, ou mesmo naquelas aulas com período predeterminado. Os times de temporada também são exemplos desse tipo de modelo de formação de grupo.

Na **perspectiva pendular**, os modelos dão ênfase às mudanças que acontecem entre as pessoas; assim, enfatiza-se o relacionamento interpessoal, que acontece durante o crescimento e o desenvolvimento dos grupos. Essa perspectiva se difere das demais por levar em conta um desenvolvimento dinâmico e relacionado às demandas do ambiente (Gersick, 1988). De acordo com Weiberg e Gould (2017), um exemplo para esse modelo de grupo pode ser o time de basquetebol masculino, apresentado no livro *Season on the Brink*. Nele, há um projeto de Feinstein em que se pode realizar uma pesquisa de campo de qualidade por meio de um grupo de esporte considerado íntegro.

Confira no quadro a seguir um breve resumo do modelo pendular e o exemplo citado do livro *Season on the Brink*.

Quadro 4.1 Modelo pendular exemplificado

Estágio	Definição	Time Indiana Hoosiers
Estágio 1	Orientação: coesão e sentimentos de unidade estão altos; os atletas compartilham muitos sentimentos, ansiedades e aspirações comuns.	Os treinos começam: "No basquetebol universitário, nenhuma data tem mais significado do que 15 de outubro. Nela, os times de basquetebol de todo o país começam as preparações formais para a temporada" (p. 27).
Estágio 2	Diferenciação e conflito: o grupo subdivide-se física e psicologicamente em unidades menores; frequentemente, surgem conflitos à medida que os atletas competem por posições no time.	Os treinos pré-temporada continuam: "Novembro é o mês mais difícil para qualquer time de basquetebol universitário. A excitação de iniciar os treinos... Há desgaste e a prática fica monótona... É um dia de treino após o outro – os mesmos rostos, os mesmos técnicos, os mesmos exercícios, os mesmos companheiros" (p. 59).

(continua)

(Quadro 4.1 – conclusão)

Estágio	Definição	Time Indiana Hoosiers
Estágio 3	Resolução e coesão: a coesão aumenta à medida que os membros do grupo compartilham preocupações e sentimentos comuns na preparação para enfrentar um desafio comum.	O primeiro jogo: "A tensão no vestiário era genuína. Todos os lembretes sobre o Miami, todas as lembranças da temporada passada, sem mencionar as memórias dos 48 treinos que levaram a essa tarde, combinaram-se para criar um sentimento de apreensão" (p. 96).
Estágio 4	Diferenciação e conflito: a unidade do time se enfraquece à medida que vários indivíduos são recompensados ou punidos, afastando-os do grupo.	Durante a temporada: "O vestiário não teria ficado mais silencioso se a Kent State tivesse ganho o jogo... Mentalmente, Knight tinha decidido que precisava de Hillman e Smith no lugar de Robinson e Brooks. Eles estavam em maus lençóis... Depois do banho, ele os repreendeu mais uma vez. Apenas três jogadores o tinham agradado" (p. 102).
Estágio 5	Término: se a temporada foi um sucesso, os sentimentos de coesão são altos. Se a temporada não foi bem-sucedida, os sentimentos de coesão são baixos.	Término: "Eles pulavam uns nos outros, se abraçavam e choravam... Finalmente, voltaram para o vestiário. Quando o silêncio voltou, Knight falou brevemente. 'O que vocês fizeram', disse, 'foi recusarem-se a perder. Vocês foram um time de garra o ano inteiro'" (p. 348).

*Este é um exemplo do modelo pendular de desenvolvimento de grupo em uma situação de basquete (Indiana University, conforme descrito por John Feinstein, 1987).

Fonte: Fonte: Weinberg; Gould, 2017, p. 148.

Os grupos se constituem com base em seus processos de formação e na estrutura que eles formam. Assim, a estrutura do grupo dependerá das interações entre seus membros, em que cada um espera de si ou dos outros determinados aspectos. Para se tornar uma equipe, o grupo deverá desenvolver algumas características pautadas na estrutura, em que cada um adota seu papel, por exemplo. Além disso, as normas são aspectos importantes para o processo de formação dos grupos, visto que todos estão submetidos a determinadas delimitações, para que se mantenham em interação sem infringir o espaço do outro ou fugir ao objetivo principal do grupo (Bock; Furtado; Teixeira, 2001).

O papel está relacionado aos comportamentos que os membros devem desempenhar como participantes do grupo. Assim, cada um tem um papel específico, como os professores, os profissionais de saúde e os jogadores de uma equipe (Bock; Furtado; Teixeira, 2001).

Exemplificando

Os técnicos, por exemplo, desempenham os papéis de ensinar, organizar e interagir e servem de modelo para os alunos no ambiente escolar. Dessa forma, eles estão voltados ao desenvolvimento de comportamentos relacionados à avaliação dos treinadores dos estudantes; portanto, são responsáveis pelos estudantes e pelos danos que o treinamento pode causar a eles, como lesões mais graves que podem ocorrer.

Esses papéis podem ter designações formais ou informais. Os papéis formais são aqueles ditados pela própria natureza do tipo de organização, como os papéis do diretor de esportes, do técnico ou do capitão do time. Dessa forma, esses elementos terão funções específicas que correspondem à própria natureza. Assim, o preenchimento dessas funções já é direcionado para o recrutamento de elementos que se encaixem devidamente nesses papéis. Já os papéis informais são aqueles que vão surgindo de acordo com o desenvolvimento do grupo e pelas interações entre seus membros. Assim, pode-se citar que o poder e a estrutura de gangues são desenvolvidos mediante processos informais. Alguns exemplos de papéis informais, segundo Weinberg e Gould (2017) são: comediante (aquele atleta que diverte os demais); vela de ignição (aquele que dá o início, inspira e anima o grupo); câncer (aquele que expressa emoções negativas entre a equipe); o que distrai (aquele que desvia a atenção dos colegas); xerifão (aquele que intimida fisicamente e faz retaliações); mentor (aquele que dá conselhos e espalha a confiança na equipe); líder informal (aquele que lidera o time de forma árdua ou que lidera o time em quadra); jogador de equipe (o que dá empenho e sacrifica seus interesses pelo time); jogador-estrela (aquele que é destacado ou celebrado por sua personalidade, desempenho e habilidades); fingidor (aquele que prolonga sintomas psicológicos ou físicos de lesão para se beneficiar); agregador (o que se envolve no planejamento e na organização das reuniões sociais do time.

O estabelecimento dos papéis dos membros do grupo e a clareza com que eles são passados é uma condição importante para melhorar a eficiência da equipe em geral, sendo que os participantes devem também aceitar seu papel. Quando os papéis não estão bem definidos, de modo a ficarem ambíguos, pode haver o comprometimento da relação entre técnico e atletas. A compreensão do próprio papel também é parte da essencialidade do membro, para que ele consiga entender sua função e possa desempenhá-la de forma adequada.

A aceitação do papel, assim como a diferenciação deste em relação a outros, promove o melhor desenho das ações dos membros da equipe, permitindo que saibam como desempenhar melhor seus papéis. As responsabilidades são mais bem aceitas quando esse processo acontece. Dessa forma, é importante, além da divisão dos papéis, sua aceitação pelos membros da equipe. As responsabilidades passam a ser contribuições de cada membro para que o objetivo da equipe seja atingido. Logo, o encorajamento da aceitação faz com que sejam reduzidas as diferenças entre os papéis e que os membros ajam de maneira menos orgulhosa e se atenham à participação em equipe.

O conflito de papéis pode acontecer quando não há um consenso sobre os objetivos desejados, ou mesmo quando determinado membro não está apto para ocupar um papel. Essa não aptidão pode envolver incapacidade, falta de motivação, de tempo ou de entendimento sobre os objetivos reais da equipe. É comum que haja o conflito de papel quando os membros esperam coisas diferentes do treinador, por exemplo – eles podem esperar ser agraciados ou beneficiados pelo treinador, quando, na verdade, isso não irá acontecer.

A norma está associada ao nível de desempenho, a um padrão de comportamento e às crenças. Elas podem ser estabelecidas em determinados grupos de maneira formal ou informal. Os membros devem ser submissos a essas normas para que façam parte do grupo de uma forma mais harmoniosa. As normas também podem ser relevantes ou irrelevantes. Por exemplo, espera-se que os membros novatos realizem os serviços ou funções menos desempenhadas, como forma de serem aceitos no grupo. Os atletas de hóquei, por exemplo, são cortados do time ou sofrem "ostracismo" quando não aceitam as normas daquele time como novatos.

O que é?

Ostracismo é considerado um tipo de castigo a nível social. No exemplo do time, seria a exclusão do membro socialmente, ou mesmo sua exclusão da própria equipe. Trata-se de uma condição imposta em diversos tipos de culturas, como forma de castigo àqueles que não obedecem as regras ou tradições, como as religiosas, por exemplo.

O padrão aceito para o empenho e desempenho dos membros é importante e é reconhecido como produtividade, ou seja, como capacidade de produção dessa equipe. Em programas de exercícios, em que o objetivo é o condicionamento físico, os membros buscarão, por exemplo, se exercitar em uma academia durante o horário de almoço por 30 minutos. Essa condição demonstra que há uma expectativa dos membros para atingir essa meta ou objetivo, que é o condicionamento.

Porém, o treinador poderá criar normas para que a produtividade seja melhorada, de acordo com as condições em que a equipe se encontra. Assim, ele avaliará as condições, fará um planejamento e, posteriormente, convocará uma reunião com a equipe a fim de fazer as adaptações necessárias para que determinado objetivo seja alcançado. Considerando o que ficar acordado com os atletas, o treinador deve propor expectativas à equipe, de forma a incentivá-la – por exemplo, que, com o aumento de produtividade proposto, eles serão capazes de alcançar determinadas metas. Essas metas quase sempre estão relacionadas a algo de interesse individual e coletivo, como aumento de salário, um prêmio ou outro elemento desse nível.

O estabelecimento de normas positivas também é visto como importante. O treinador, por exemplo, encoraja alguém da equipe a dar sugestões e a criar normas informais para a equipe. Caso estas sejam interessantes e viáveis, os outros participantes são encorajados a adotá-las. Esse tipo de medida é importante para constar a participação e a autonomia dos membros da equipe, dando maior credibilidade a eles.

Já a modificação das normas deve considera dois aspectos: a fonte utilizada para comunicar a mudança e a natureza dessa comunicação. Quanto à fonte de comunicação, alguns membros que compõem o grupo têm maior poder de persuasão, assim como de comunicação, e os que mais têm credibilidade são aqueles mais queridos pelo grupo ou que recebem posições de destaque na equipe e, por isso, são vistos com mais autoridade. Já a forma como se faz o discurso pode aumentar a chance de sucesso na comunicação e na persuasão, como a inserção de perguntas retóricas, além de falas rápidas e consistentes. Esse processo de mudança de normas "é mais eficaz quando estão presentes pessoas de ambos os lados da discussão, há vários comunicados, a comunicação é nova e as conclusões são expostas claramente" (Weinberg; Gould, 2017, p. 153).

A afetividade da equipe é algo extremamente essencial, de forma que esse clima deve ser desenvolvido com base na percepção dos membros, em suas inter-relações e nas relações com o gestor do grupo. Mesmo que haja uma hierarquia e que cada um tenha seu papel, o clima afetivo deve ser cultivado na equipe. O apoio social, por exemplo, consiste na troca de recursos entre os membros do grupo. Ele é percebido pelo seu receptor e tem a intenção de aumentar o bem-estar interno da equipe, podendo acontecer entre dois ou mais membros (Shumaker; Brownell, 1984). Trata-se de uma variável importante para o desempenho da equipe e é apontado em pesquisas como um fator que provoca sentimentos positivos em atletas ao promover, por exemplo, a recuperação de uma lesão, o controle do estresse e da ansiedade, a melhora da exaustão, entre outros (Duncan; Duncan; Strycker, 2005).

Mesmo que não seja o único pré-requisito para a formação de uma equipe, a proximidade garante o entrosamento e a harmonia entre a equipe. Essa melhora na interação promove o melhor desenvolvimento do grupo e, assim, a melhor *performance*. Em times, por exemplo, esse momento de proximidade pode acontecer nos vestiários ou em encontros entre a equipe para confraternização. Essa proximidade promove também os sentimentos de satisfação, clima positivo e similaridade de atitudes, auxiliando no estabelecimento da identidade da equipe.

A diferenciação promove a unidade e a identidade da equipe. As gangues de rua, por exemplo, se vestem com roupas características e diferentes da população em geral. Essa característica faz com que se sintam diferentes dos demais e, ao mesmo tempo, mais unidos entre si. No esporte, a diferenciação por meio dos uniformes segue mais ou menos esse princípio, além de facilitar o reconhecimento por parte do torcedor, que também pode identificar individualmente cada jogador pelo número da camisa.

A justiça é um componente importante para o clima entre a equipe, pois, por meio dela, é instaurada a confiança e a harmonia entre seus membros. Os atletas, por exemplo, podem sentir que estão sendo tratados de maneira igualitária e que seus esforços estão sendo reconhecidos. Assim, a justiça promovida pelo técnico deve estar pautada em três questões centrais: (1) o grau de compatibilidade entre as avaliações realizadas por técnicos e jogadores; (2) a forma de o técnico lidar e se comunicar com a equipe; e (3) a percepção dos atletas sobre as ações do técnico.

A semelhança entre os membros pode levar a um maior comprometimento, à convergência de atitudes e a aspirações e objetivos em comum. Embora os membros possam diferir quanto à questões sociais e étnicas, eles podem ser semelhantes quanto às funções e aos objetivos, o que faz com que se tornem mais próximos e unidos na equipe. A consciência dessas semelhanças é importante para que consigam desenvolver um conceito de união e de equipe mais forte.

A interdependência da tarefa faz com que os membros se sintam importantes e que desenvolvam um trabalho de cooperação. Ela também está relacionada ao fato de que todos da equipe podem se beneficiar com o desempenho geral do grupo.

Exemplificando

O conflito entre as tarefas pode existir e influenciar a relação da equipe de uma forma positiva, pois, dessa forma, é possível controlar a maneira como se constroem os objetivos, bem como as metas e os caminhos para atingi-los. Para isso, o responsável pela equipe e os membros desta devem estar atentos, para que esse conflito não passe de forma despercebida ou se torne um ponto negativo para a instituição.

A equipe deve estar em constante avaliação e adaptação aos momentos que está vivendo, pois, assim, é possível manter o equilíbrio e melhorar cada vez mais a *performance* dos membros e do grupo como um todo. A avaliação normalmente é realizada por um gestor ou técnico, no caso dos esportes, em que são aplicados questionários relacionados ao clima em equipe, os quais revelam como cada um se sente com relação à equipe e à sua participação nela. Para isso, pode ser aplicado o "Questionário sobre o clima de equipe" apresentado na Figura 4.1.

Figura 4.1 Questionário sobre o clima de equipe

Leia cada afirmação e indique com que frequência ela ocorre, usando os números na escala a seguir:

1 = Nunca ocorre   2 = Ocorre às vezes   3 = Ocorre geralmente   4 = Sempre ocorre

___1. Posso tomar muitas das decisões que afetam minha forma de jogar.
___2. Posso contar com o técnico para manter em sigilo as coisas que digo.
___3. Os membros da comissão técnica esforçam-se para ajudar uns aos outros.
___4. Tenho tempo suficiente para fazer as coisas que o técnico me pede para aprender e realizar.
___5. Posso contar com a ajuda do técnico quando preciso dela.

Fonte: Weinberg; Gould, 2017, p. 156.

O gestor ou técnico pode desempenhar diversas ações voltadas ao aprimoramento do desempenho individual, principalmente quando se trata de esportes coletivos. Esse tipo de esporte depende exatamente da interação entre os jogadores da equipe, o que leva ao raciocínio de que é necessário que a totalidade faça a diferença, a fim de que o resultado seja assertivo.

Assim, o técnico, o psicólogo ou o profissional responsável pelo apoio dessa área está sempre tentando conseguir a melhor participação de todos da equipe, assim como da melhor *performance* de cada um. Nesse sentido, é possível perceber que, no esporte em equipe, ou nas equipes de outras organizações, o trabalho coletivo se torna fundamental, embora deva-se levar muito em consideração todas as suas partes e a união delas.

Exercício resolvido

A estrutura do grupo abrange diversas considerações importantes para seu desenho. Com relação a ela, analise as afirmações a seguir e assinale V para as verdadeiras e F para as falsas.

( ) Os papéis em um grupo podem ser distribuídos formal ou informalmente.
( ) A aceitação do papel é uma condição importante, assim como seu encorajamento.
( ) As normas são meios de controle de um grupo, em que são estabelecidos padrões que envolvem comportamentos aceitáveis e crenças.

Agora, assinale a alternativa que apresenta a sequência correta:

a) V, V, F.
b) F, F, V.
c) F, V, V.
d) V, F, V.
e) V, V, V.

Gabarito: E

***Feedback* do exercício:** Na distribuição de papéis dentre os membros da equipe, ora há papéis formais, ora informais. Aspectos como a aceitação do papel e o encorajamento para isso faz com que o indivíduo passe a contribuir positivamente com seu grupo. As normas são o conjunto que envolve o comportamento e as crenças do grupo com relação a algo. Elas são impostas como meio de padronizar seus membros.

4.4 Jogos cooperativos na escola

Os **jogos esportivos coletivos (JECs)** têm como característica a disputa entre equipes. São utilizadas várias modalidades de jogos, com bolas, corrida, saltos, danças, entre outros. As vantagens desses jogos estão na tática que os alunos desenvolvem em equipe, visando alcançar o objetivo proposto.

Menezes, Marques e Nunomura (2014), ao abordarem os elementos que compõem os JECs, explicam que, sendo eles individuais e coletivos, ou seja, técnicos e táticos, devem ser combinados para resultar em boas equipes e bons resultados nos jogos.

Os JECs despertam o interesse de crianças e jovens, pois são uma forma de integração destes ao seu meio social, além de trazer prazer e agregar processos que melhoram o ensino-aprendizagem e treinamento (EAT). A prática de JECs implica o início do processo de EAT, o qual consiste na iniciação esportiva, que é uma trajetória pedagógica que envolve variadas situações de atividades esportivas. Estas devem ser coerentes com a idade das crianças e dos adolescentes que praticam os JECs. Além disso, deve haver respeito pelos níveis individuais dos alunos, devendo-se buscar a educação para a vida em grupo, de modo a desenvolver o pensamento crítico e consciente neles (Menezes; Marques; Nunomura, 2014).

Sobre a pedagogia dos JECs, Paes (2002, citado por Galatti et al., 2008, p. 400) apresenta o seguinte argumento:

> Para estruturar metodologicamente a pedagogia visando ao ensino dos jogos coletivos é preciso ter o conhecimento (...) promovendo intervenções com graus crescentes de dificuldade. Entretanto, para efetivamente estruturar uma pedagogia do esporte, com o objetivo de contribuir com o processo educacional (...), é preciso avançar em outra direção. Nesse contexto, o referencial socioeducativo constitui-se um ponto sustentador (...) Esse referencial será contemplado na medida em que, além do enfoque técnico-tático, importante na pedagogia do esporte, também se levará em conta princípios indispensáveis para o desenvolvimento da personalidade da criança e do jovem.

Diante do exposto, é possível inferir que a pedagogia no esporte tem como finalidade educar os alunos para a vida em sociedade, de forma que o esporte seja uma ponte que leve ao desenvolvimento da personalidade e do caráter do estudante, por meio da organização, da sistematização, da aplicação e da avaliação durante os procedimentos dos jogos, para a formação de jogadores inteligentes e capazes de solucionar problemas durante os jogos e fora deles.

A prática do profissional de educação física no ensino de JECs deve considerar o professor como um mediador que promove a interação positiva, ou seja, que estimula a participação, a cooperação, a coeducação e a emancipação. Em outras palavras, trata-se de um profissional que deve garantir que a pedagogia do esporte seja executada de forma adequada, de modo a garantir os resultados propostos, para que os JECs não se tornem uma simples prática esportiva (Galatti et al., 2008).

De acordo com Coutinho e Silva (2009), o ensino dos JECs é de fundamental importância, uma vez que é parte da cultura do país. Nesse sentido, o profissional de educação física pode fazer uso de métodos que facilitam o ensino dos JECs, como: o método tradicional tecnicista de ensino; o método da série de jogos; o método dos jogos esportivos modificados; o método do professor Claude Bayer; o método situacional; o método crítico superador; e o método crítico emancipatório. Confira a seguir a descrição de cada um deles (Coutinho; Silva, 2019):

- **Método tradicional tecnicista de ensino**: Também chamado de *método analítico-sintético,* é caracterizado pela divisão no ensino do esporte. Nele, o esporte é ensinado por partes que depois são unidas, chegando-se, posteriormente, aos jogos coletivos.
- **Método da série de jogos**: Caracterizado pelo ensino dos jogos dos mais simples até os mais complexos.
- **Métodos dos jogos esportivos modificados**: Permite a tomada de decisão dos alunos. Seu ponto forte é a tática de jogo, e não as habilidades técnicas.
- **Método do professor Claude Bayer**: Propõe três elementos no ensino dos jogos coletivos. O primeiro frisa que os jogos devem ser praticados de forma espontânea pelos alunos; o segundo dá enfoque ao desenvolvimento cognitivo para a formação de alunos inteligentes e capazes de reflexões táticas; e o terceiro destaca a valorização das percepções individuais.
- **Método situacional**: Caracterizado pelo desenvolvimento de técnicas esportivas específicas durante o processo de correção de problemas motores.
- **Método crítico superador**: Caracterizado pela ampliação do pensamento dos alunos. Envolve interpretação, compreensão e explicação.
- **Método crítico emancipatório**: Caracterizado pelo ensino do esporte para além das técnicas, ou seja, envolve momentos de muitos estudos e prática.

Gallati et al. (2008) complementam afirmando que o professor de Educação Física é o responsável por mediar o ensino dos métodos aos seus alunos, verificando, por meio de suas habilidades profissionais, qual o melhor método a ser utilizado para efetivar o processo de ensino-aprendizagem.

Pode-se perceber que o professor de Educação Física tem uma grande variedade de meios para o ensino dos JECs. Como profissional, deve tomar decisões e ter atitudes que sejam condizentes com suas responsabilidades, de modo a transformar os JECs em facilitador das relações interpessoais (Galatti et al., 2008).

A prática do ensino dos JECs deve ser realizada de acordo com a habilitação do profissional. Nessa perspectiva, deve-se evitar uma visão simples do esporte, pois é preciso encará-lo como um fenômeno social e cultural, a fim de desenvolver uma visão educativa. Dessa maneira, é possível elaborar aulas priorizando o melhor desenvolvimento dos alunos.

Assim, o professor deve priorizar os procedimentos pedagógicos, que, de acordo com Galatti et al. (2008), são ferramentas que fornecem um olhar pedagógico ao ensino e ao treinamento dos JECs. Confira a seguir a lista desses procedimentos.

1. **O professor deve criar meios de propiciar aos alunos momentos de reflexão e diálogo**: Esse procedimento tem como objetivo modificar situações que poderiam ser desagradáveis, a fim de torná-las experiências que possibilitem o crescimento pessoal dos estudantes tanto no jogo quanto na vida.
2. **O professor deve tornar o meio esportivo um ambiente facilitador das relações interpessoais**: Para que as crianças e os jovens se desenvolvam plenamente, é preciso que se sintam seguros e confortáveis no ambiente esportivo.
3. **O professor deve proporcionar a aplicação do jogo como elemento fundamental em todo processo**: Os jogos devem ser adaptados para as crianças, e não o contrário, pois o esporte se torna atrativo para aqueles que o iniciam de forma prazerosa.

4. **O professor deve fazer alterações na estrutura do jogo**: Isso torna a atividade mais simples e adequada à idade das crianças e dos jovens, favorecendo o processo de ensino-aprendizagem.
5. **O professor deve estimular a participação permanente dos alunos em atividades competitivas não formais**: Deve-se priorizar a participação das crianças e dos jovens em torneios e festivais que tragam o conhecimento pedagógico além do esportivo, a fim de fazer uma oposição à simples participação em campeonatos sem preocupação pedagógica.

Dessa forma, pode-se concluir que, mediante a utilização dos procedimentos pedagógicos, os discentes se aproximam dos resultados esperados para os JECs, bem como dos objetivos estabelecidos pela cultura do movimento, contribuindo para o crescimento individual, o respeito ao próximo e o desenvolvimento de habilidades que permitem a resolução dos problemas que podem surgir nos jogos.

Síntese

- A educação física deveria atuar, embora isso nem sempre ocorra, na área de relações interpessoais, de forma a estabelecer o sentimento positivo e a associação entre os alunos e/ou grupos em que se está trabalhando.
- As relações dispostas no ambiente escolar devem ser saudáveis, a fim de que possam ser compartilhados os valores e as atitudes corretas, para que os alunos recebam uma formação humanizada e o mais correta possível.
- Com o desenvolvimento dessas relações, podem ser trabalhadas diversas condições com as crianças, sempre visando o desenvolvimento de relações e comportamentos positivos, que possam influenciar toda sua vivência e, posteriormente, a vida adulta.

- A psicologia dos grupos visa compreender a forma como estes são criados, se desenvolvem e se transformam ao longo do tempo. Assim, a compreensão dos conceitos de grupo e equipe é importante para o entendimento de suas relações.
- A psicologia institucional estuda as condições em que os grupos se estabelecem, ou seja, as instituições. Bons exemplos de instituições são a família, a escola, os grupos esportivos e os grupos de trabalho.
- O processo de formação de grupos pode ser descrito por três teorias importantes: a linear, a circular e a pendular. Cada uma delas está fundamentada em princípios diferentes, sendo que a última é a que mais se difere das demais.
- O grupo apresenta características importantes quanto à sua estrutura, de forma que exibe algumas específicas, como as normas e os papéis dos membros que dele participam.
- Na educação física, a participação dos grupos pode ser efetivada por meio dos jogos esportivos coletivos. Mediante a prática adequada da Educação Física escolar, a cultura do movimento é disseminada, podendo-se utilizar métodos que facilitam essa propagação.

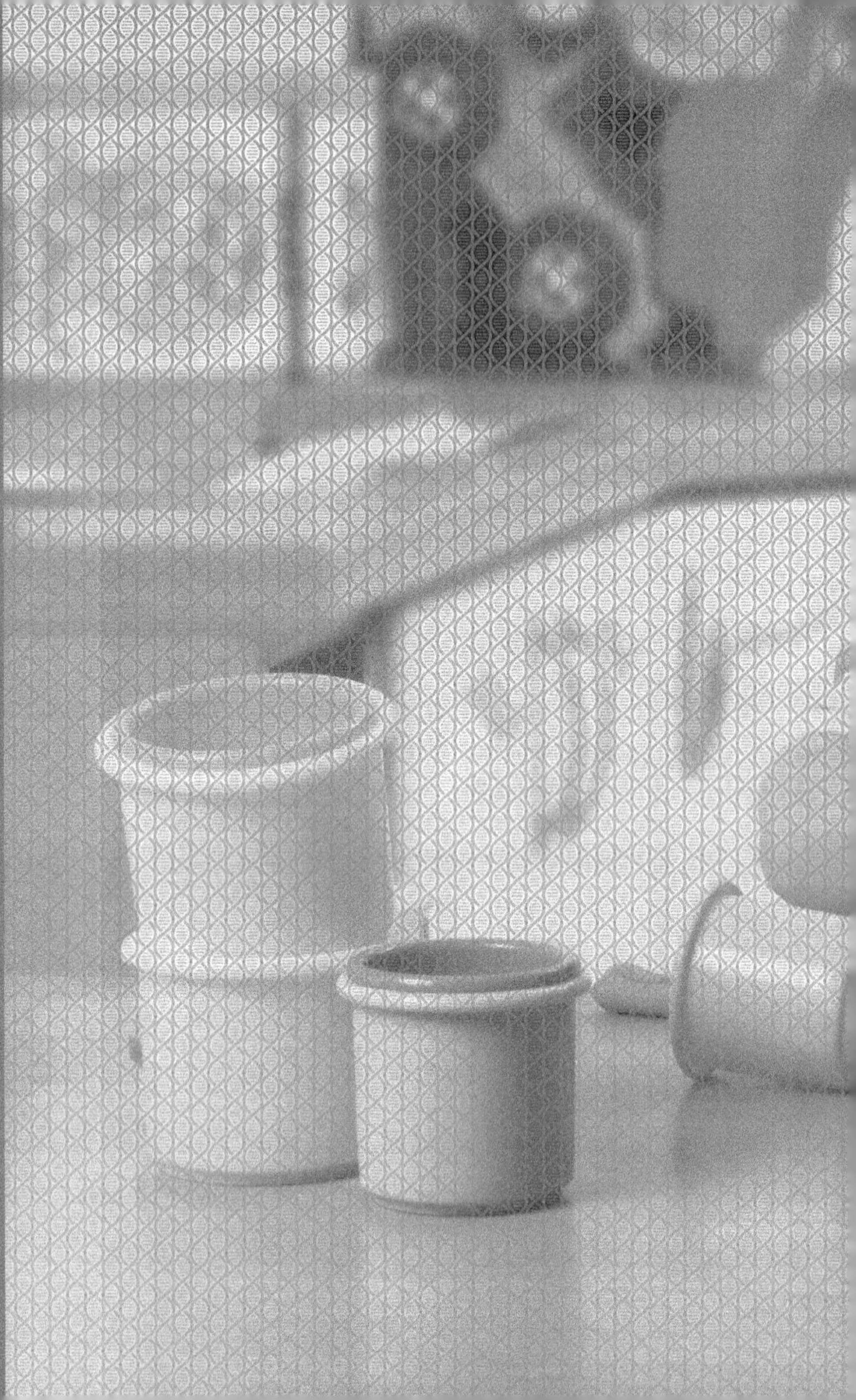

Capítulo 5

Desenvolvimento motor

Conteúdos do capítulo
- Estudo do movimento.
- Desenvolvimento ao longo da vida.
- Métodos de estudo do desenvolvimento.
- Faixas etárias do desenvolvimento.

Após o estudo deste capítulo, você será capaz de:
1. identificar os processos relacionados ao desenvolvimento motor;
2. entender o estudo do movimento;
3. analisar o desenvolvimento ao longo da vida e os métodos de estudo utilizados;
4. elencar as faixas etárias do desenvolvimento;
5. explicar as relações entre desenvolvimento, comportamento e movimento;
6. aprofundar seus conhecimentos referentes à educação física, que agrega a dimensão psicológica do estudo do movimento humano.
7. compreender o papel da personalidade no desenvolvimento e no contexto esportivo.

A psicologia, ao se voltar a questões interpessoais, tem como um de seu enfoques as relações desenvolvidas em grupos e/ou equipes, as quais, muitas vezes, são permeadas por interesses próprios ou em comum, algo que leva o grupo a interagir.

O estudo dos aspectos que compõem a historicidade e os processos de formação dos grupos é importante para que o profissional de educação física compreenda como essas relações estão (ou podem estar) dispostas em diferentes ambientes. Assim, o profissional pode traduzir essas ideias para diversos contextos que não sejam somente o esportivo, como mencionamos em capítulos anteriores.

A educação física atua, no âmbito escolar, sobre essas variáveis psicológicas; da mesma forma, os fatores psicossociais dos alunos auxiliam na promoção da igualdade e na valorização das relações entre as crianças e os professores e entre elas mesmas. Assim, a educação física, no processo de formação de cidadãos, deve atuar de forma ativa, sendo importante para que as relações aconteçam com a maior harmonia possível. Afinal, trata-se de uma disciplina que tem a função de levar os alunos a aprimorar o senso crítico e o conhecimento do mundo a sua volta e da sociedade, bem como o desenvolvimento motor, visto que é complexa e permite o desenvolvimento pleno dos alunos.

Além disso, as ações da educação física para os públicos em geral estão voltadas ao estabelecimento da harmonia nos ambientes, assim como à proposição de ações colaborativas entre os membros que compõem o grupo ou equipe. Promovem também o desenvolvimento de atitudes e sentimentos positivos nos indivíduos com relação a eles mesmos (identidade) e aos os outros (relação interpessoal). Esse tipo de formação é extremamente importante para o desenvolvimento da cidadania e a estimulação de uma vida em sociedade saudável, promovendo o respeito e a harmonia entre as populações (Chiavenato, 2003).

Dessa forma, o estudo das relações interpessoais é muito importante para o profissional de educação física, visto que suas funções estão pautadas nesses princípios e teorias, os quais serão futuramente trabalhados por eles com seus públicos em específico. É importante ressaltar que os indivíduos podem exibir padrões diferenciados, assim como os grupos, cabendo ao profissional adequá-los quando necessário, além de se adaptar para atendê-los.

5.1 Uma breve contextualização sobre desenvolvimento

Os estudos sobre o desenvolvimento motor fazem parte dos objetos de aprendizagem do profissional de educação física. Paralelamente, o campo da psicologia também está associado ao desenvolvimento motor; afinal, os campos motor e neuropsíquico estão atrelados e se desenvolvem de maneira contínua e relacionada. Podemos perceber, então, que a relação entre educação física e psicologia permite o estudo do desenvolvimento motor com base em seus contextos.

Desenvolvimento significa evolução constante dos aspectos relacionados ao impacto físico, psicológico e social do ser humano. Essa evolução contínua refere-se à continuidade na melhoria ou na modificação ocorridas no momento anterior. Portanto, é muito importante o desenvolvimento de bons hábitos de vida pela crianças desde cedo, pois no futuro tudo pode ser mudado. Nesse sentido, os adultos são a soma de suas vivências desde a infância (Rodrigues, 2003).

> *Já o desenvolvimento motor, especificamente, é estudado em dimensões cognitivas, locomotoras, manipulativas e psicomotoras ou de práticas relacionadas com a idade e meio ambiente. O estudo não deve ressaltar somente ambientes controlados, mas também investigar o que o ser*

humano consegue fazer em aspectos naturais ou trabalhados. Os movimentos manipulativos envolvem o relacionamento da criança com brinquedos; os movimentos fundamentais exercem um pouco mais de esforço como arremessar, chutar, bater e rolar objetos. A locomoção também é um desenvolvimento motor fundamental, pois a criança consegue projetar seu corpo no espaço, deslocando de um ponto fixo para outro lugar, as práticas corporais correr, caminhar e ultrapassar obstáculos, são habilidades locomotoras importantes [...]. (Andrade Neto et al., 2022, p. 4)

Portanto, o desenvolvimento motor é o processo de transformações do comportamento relacionadas à idade, incluindo postura e movimentos infantis. Trata-se de um processo de mudança complexo e inter-relacionado, no qual todos os aspectos do crescimento e maturação dos órgãos e sistemas do corpo estão envolvidos. É importante monitorar o desenvolvimento motor das crianças, principalmente nos primeiros anos de vida, para que as doenças motoras sejam diagnosticadas precocemente, o que pode facilitar o tratamento e torná-lo mais rápido. O bom desenvolvimento atlético também pode afetar futuramente a vida social, intelectual e cultural dos indivíduos de maneira positiva (Xavier, 2018).

Considerando-se que o objeto de estudo principal da educação física é o movimento humano, é possível perceber a importância que deve ser dada ao estímulo e ao acompanhamento de todo o processo de desenvolvimento neuropsicomotor das crianças. Nesse sentido, os professores de Educação Física devem estimular e criar atividades voltadas às necessidades individuais e coletivas dos alunos. É importante ressaltar que problemas no desenvolvimento vêm sendo cada vez mais observados em razão de novas técnicas e descobertas, as quais têm ajudado a identificar as mudanças de hábitos na população atual, que está imersa na tecnologia.

Nesse contexto, a educação física atua, no âmbito escolar, promovendo jogos e atividades lúdicas, resgatando e estimulando o movimento das crianças, assim como a descoberta de suas habilidades e a percepção de seu corpo. Essas ações são importantes para que o infante desenvolva uma identidade e habilidades ligadas ao movimento, como o aprendizado de um esporte ou o simples ato de pular corda ou subir e descer uma escada de forma ágil.

Entre as áreas da educação física, podemos destacar o campo da saúde escolar ou esportiva, que proporciona qualidade de vida e garante apoio aos clientes e alunos de forma integral. Também podemos citar a área do desenvolvimento de atividades físicas, em que o profissional é contratado quase exclusivamente para desenvolver atividades voltadas à saúde física e a *performance* de seus clientes. Assim, o profissional está sujeito a oferecer subsídios para que o cliente melhore suas capacidades físicas, como força, alongamento, mobilidade, agilidade e potência. Por meio do desenvolvimento dessas habilidades, o cliente conquista o aprimoramento da *performance*, seja associada à aparência, seja associada à competição de *bodybuilding* ou mesmo à saúde em geral.

O profissional, nesse contexto de atividade física, normalmente atende ao público adulto e idoso, que visa, geralmente, aprimorar suas funções e a saúde como um todo. Suas atividades podem ser realizadas ao ar livre, como em praças e na rua, na própria casa do cliente ou, ainda, em centros esportivos ou academias, onde há estrutura própria para isso, com equipamentos e aparelhos disponíveis para auxiliar o processo de desenvolvimento dessas capacidades físicas. Essas atividades são de grande auxílio para os cuidados da saúde mental, ajudando na redução dos riscos de depressão e de perda cognitiva em pacientes com doenças degenerativas, como o mal de Alzheimer.

A educação física também atua no âmbito esportivo, desde a preparação dos atletas e seu treinamento até o acompanhamento destes em competições nas mais variadas categorias esportivas. Assim, o profissional desenvolve trabalhos durante toda a atividade do atleta e contempla-o com suas intervenções e orientações para o aprimoramento de sua *performance*.

Nas próximas seções, abordaremos assuntos referentes ao desenvolvimento motor, como sua relação com a psicologia, as capacidades de movimento e de expressão que são adquiridas ao longo da vida e as relações do indivíduo, considerando suas condições psíquicas associadas ao próprio corpo e movimento durante a vida. Em síntese, daremos enfoque à relação entre as dimensões física e psicológica na educação física, buscando apresentar reflexões sobre o assunto e a realidade do profissional nos contextos de sua área.

5.2 Estudo do movimento

O movimento é algo intrínseco na vida do ser humano, que auxilia no desenvolvimento e na construção biológica, psicológica e social deste. Faz parte da vida desde o nascimento, como mencionamos anteriormente, e vai se tornando cada vez mais controlado e direcionado aos objetivos que se pretende alcançar (Fernandes, 2008). De acordo com Fernandes (2008), o movimento é algo que vai além da movimentação do corpo mediante o ato de ir e vir, visto que envolve toda uma linguagem que permite a expressão de desejos, sentimentos e necessidades.

É por meio do movimento que se tem os primeiros contatos com a cultura do movimento, pois, durante o processo de desenvolvimento e aprendizagem, as crianças passam a ter contato com diferentes objetivos criados pelo homem, aprendendo os costumes, as danças e as práticas esportivas comuns ao meio em que estão inseridas, ou seja, por meio do movimento, interagem com a cultura de seu lugar de origem (Le Boulch, 1980).

Diante do exposto, é possível inferir que o movimento estimula a aprendizagem das crianças, não apenas a parte motora, mas também a cognitiva, contribuindo para a construção das relações humanas, bem como dos espaços em que estão inseridas.

Se pararmos para pensar em nossas atividades cotidianas, perceberemos o quanto o movimento é importante em nossas vidas, assim como o quanto dependemos dele para realizar nossas atividades, das mais básicas às mais complexas. Logo, o movimento é algo importante para a vida e a independência do ser humano (Gallahue; Ozmun; Goodway, 2013).

Preste atenção!

O movimento é algo que influencia os fenômenos biológicos do corpo. Mauss (1974) afirma que atos corporais são fenômenos biopsicossociológicos que influenciam as relações orgânicas, sendo capazes de causar nos indivíduos emoções, ou seja, de mexer com seu equilíbrio biológico. Isso acontece quando se assiste a espetáculos de teatro, se escuta músicas etc., pois a cultura do movimento tece uma relação biológica e cultural.

Compreender como as funções são desempenhadas pelo aparelho locomotor é importante para termos noção de quais atividades ou funções podem ser realizadas em cada caso. Além disso, o profissional da educação física também pode produzir adaptações para o cliente de forma a ajustar os movimentos que ele é capaz de fazer aos que seriam normais para sua idade cronológica (Gallahue; Ozmun; Goodway, 2013).

O estudo do movimento depende também da integração de outros sistemas corporais, que atuam no funcionamento do corpo humano e promovem funções, como o sistema nervoso, o cardiovascular, o cardiorrespiratório e o musculoesquelético. Essas funções são integradas de forma a desenvolver todas as condições de funcionamento normal do corpo, subsidiando, assim, as funções do indivíduo (Gallahue; Ozmun; Goodway, 2013).

Mesmo quando é percebida alguma deficiência ou déficit do aprendizado ou desenvolvimento motor, é necessário conhecer quais seriam as fases ideais, para que se possa planejar ações voltadas ao cliente de forma a desenvolver o melhor ritmo para ele. Essa base do desenvolvimento motor pode ser utilizada em diferentes contextos da educação física (esporte, escola e ginásio), de modo que suas fases ajudem a compreender o comprometimento dos indivíduos em relação ao seu desenvolvimento neuropsicomotor (Gallahue; Ozmun; Goodway, 2013).

Mediante o conhecimento dos processos evolutivos que envolvem o desenvolvimento motor, é possível compreender diversas patologias e traçar planos para atuação em diversos casos, em vez de se criar métodos sem embasamento ou conhecimento acerca da real situação do cliente. Assim, o aprendizado do processo de desenvolvimento motor fornece as instruções necessárias para a atuação do profissional em suas diversas áreas, assim como oferece subsídios para a criação de planos de intervenção, fazendo com que suas condutas e escolhas sejam cada vez mais assertivas (Gallahue; Ozmun; Goodway, 2013).

A literatura aponta que as pesquisas científicas dão enfoque ao desenvolvimento motor para explicar o comportamento das pessoas. Com o passar dos anos, na perspectiva psicológica, o estudo desse desenvolvimento deixou de ter tanta atenção e passou a ser visto apenas como um fator preditivo visual para as funções cognitivas e as condições socioemocionais do indivíduo. É importante ressaltar que, inicialmente, as pesquisas a respeito do tema pertenciam ao campo da psicologia, mas aos poucos passaram a ser mais objeto de estudo das áreas que se ocupam do movimento e do comportamento humano (Gallahue; Ozmun; Goodway, 2013).

> ### Para saber mais
>
> Com base nos estudos voltados para o comportamento e a aprendizagem, diversas teorias e ideias têm sido defendidas. Uma delas é a teoria de aprendizagem de Bandura, segundo a qual o aluno aprende por meio da associação entre as abordagens motoras e as ações. Assim, o estudante aprende os conteúdos e os movimentos por meio da visualização (aprendizagem por observação). Confira a seguir uma revisão de literatura que trata do assunto:
>
> TANI, G. et al. O estudo da demonstração em aprendizagem motora: estado da arte, desafios e perspectivas. **Revista Brasileira de Cineantropometria e Desempenho Humano**, v. 13, n. 5, p. 392-403, out. 2011. Disponível em: <https://www.scielo.br/j/rbcdh/a/7PtRCkkXHWYRQj63Q8kndyk/?format=pdf&lang=pt>. Acesso em: 21 jul. 2022.

Para se estudar o desenvolvimento motor, é preciso recorrer a áreas como a fisiologia do exercício, a biomecânica e o controle motor. A união de todas essas áreas proporciona também a compreensão dos fenômenos psicológicos que envolvem essa fase de desenvolvimento do indivíduo.

A **fisiologia do exercício** pertence ao campo das ciências da saúde e do exercício e tem como objetivo avaliar e formular planos de exercícios físicos para diversos fins, como perda de peso, questões estéticas, *performance*, saúde e/ou reabilitação (Katch; Katch; McArdle, 2016).

A **biomecânica** é uma ciência multidisciplinar que estuda os movimentos humanos desde a anatomia e a fisiologia. É responsável pelo estudo e pela análise física dos sistemas biológicos, compreendendo, assim, a influência das forças mecânicas exercidas sobre o corpo humano nos movimentos humanos. Por se tratar de uma ciência entre as ciências, tem como objetivo principal descrever, analisar e avaliar o movimento humano (Amadio; Serrão, 2011).

O **controle motor** é definido como o mecanismo responsável por gerar e controlar o movimento. Os sistemas do organismo humano são integrados entre si para realizar esse processo e gerar a estabilidade necessária para o movimento controlado e eficaz, ativando a cadeia de energia. As principais funções do controle motor são (Almeida, 1999):

- contração muscular de controle;
- sincronização das ações de controle;
- ajustes físicos no processo de preparação e execução das ações;
- promoção da remuneração dos sócios;
- compensação da disposição mecânica dos músculos, dos ossos e das articulações antes de iniciar o exercício.

É importante ressaltar que os conhecimentos que perpassam o desenvolvimento motor estão relacionados às características individuais, do ambiente e da tarefa. Observe a disposição desses fatores na Figura 5.1.

Figura 5.1 Visão transacional e relação causal do desenvolvimento motor

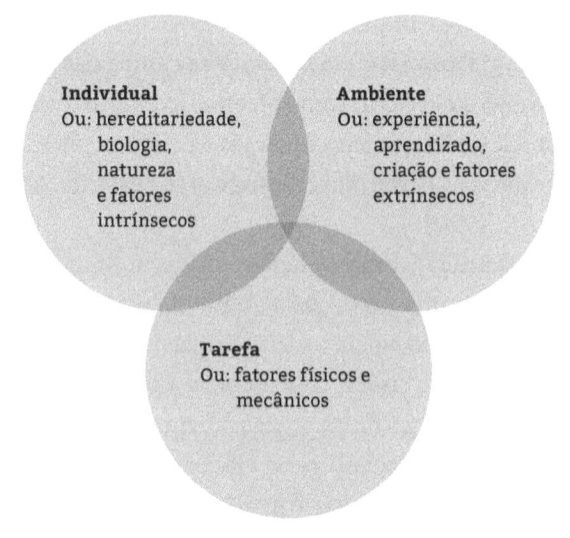

Individual
Ou: hereditariedade, biologia, natureza e fatores intrínsecos

Ambiente
Ou: experiência, aprendizado, criação e fatores extrínsecos

Tarefa
Ou: fatores físicos e mecânicos

Fonte: Gallahue; Ozmun; Goodway, 2013, p. 22.

Os estudos sobre o desenvolvimento motor dão enfoque à compreensão de todas as condições normais e anormais que envolvem o processo de evolução de vida do ser humano, assim como à análise e à documentação de cada uma das fases de desenvolvimento. Dessa forma, o profissional de educação física deve se dedicar às reflexões importantes sobre o processo de desenvolvimento.

Exercício resolvido

O estudo do movimento na educação física leva em conta diversos fatores. É importante ressaltar que, considerando-se os métodos utilizados e os desfechos, as formas de observação podem ser diferentes. Com relação ao estudo do desenvolvimento motor e das interfaces relacionadas a ele, analise as afirmações a seguir e assinale V para as verdadeiras e F para as falsas.

( ) A tarefa consiste em fatores do meio ambiente que integram a necessidade do movimento; assim, o ser humano passa a se desenvolver com relação a ela.

( ) O fator individual diz respeito à unicidade do indivíduo; assim, fatores como biologia, genética e natureza podem interferir no processo de desenvolvimento motor.

( ) O ambiente consiste na experiência vivida pelo indivíduo ao longo de sua vida. Por meio dele, o sujeito adquire novas habilidades e aprendizados.

Agora, assinale a alternativa que apresenta a sequência correta:

a) F, V, V.
b) F, F, V.
c) V, V, V.
d) V, F, V.
e) F, F, F.

Gabarito: A

***Feedback* do exercício:** A tarefa, o individual e o ambiente são três fatores importantes para o desenvolvimento motor. A tarefa consiste em fatores relacionados ao físico e ao mecânico, de forma que constitui o movimento ou a ação em si. O fator individual é o que limita ou é aprimorado ao longo do desenvolvimento motor, que está ligado a fatores tanto genéticos quanto biológicos do ser humano. Já o ambiente é o local de estímulo, no qual ocorrem e se produzem experiências, uma vez que oferece condições diversas ao indivíduo para a realização de determinada tarefa.

5.2.1 Psicologia do corpo e do movimento

Embora a psicologia não pareça se envolver tanto com o campo do movimento, existe uma relação íntima entre essas áreas, razão por que é importante estudar a dimensão psicológica na disciplina de Educação Física. Por isso, nesta seção, abordaremos as relações entre o psicológico, o corpo e o movimento. É importante ressaltar que os estudos voltados para essas variáveis são de alta complexidade e de difícil entendimento, por se tratar de condições subjetivas e que estão associadas às individualidades e particularidades de cada indivíduo.

Desde os primeiros filósofos é discutida a importância do corpo e da mente – por exemplo, se devem ser estudados em conjunto ou não –, o que tem garantido uma amplitude de ideias e, até mesmo, a relatividade de pontos de vista. Atualmente, tem se dado maior importância para a complexidade e a subjetividade que se encontra na união desses elementos. Além disso, deve-se ter em mente que o ser humano deve ser analisado de maneira completa.

Considerando a esfera individual do sujeito, no que se refere à personalidade, tem-se a **teoria bipolar**, classificada por Feijó (1998) como sendo monista ou voltada para a energia. Essa teoria está pautada na formação energética, ou seja, a matéria-prima que gera as formas e expressões é a energia. Dessa forma, a mente e o corpo estão relacionados aos polos, considerados em um mesmo plano, de modo que nenhum está em um nível hierárquico superior.

Assim, a estrutura humana considerada pela teoria bipolar da personalidade se divide em: polo corpo (de maior massa) e polo mente (de menor massa). Embora haja alguma diferença em relação à massa dos polos, deve-se considerar a necessidade da simultaneidade de ambos, algo que os torna essenciais.

Figura 5.2 Relação entre corpo e mente

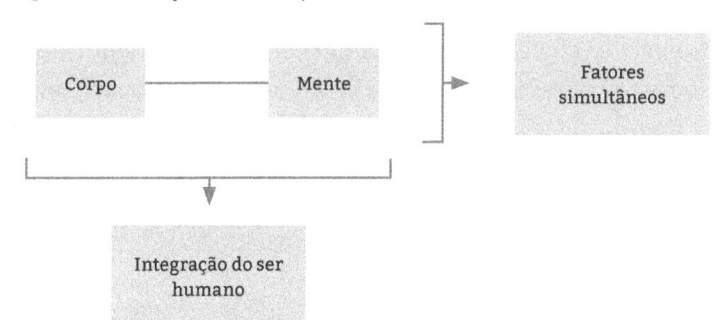

```
┌──────┐         ┌──────┐ ┐       ┌────────────┐
│Corpo │─────────│Mente │ │──────▶│  Fatores   │
└──────┘         └──────┘ ┘       │simultâneos │
   │                              └────────────┘
   └──────────────┬───────────┘
                  ▼
          ┌────────────────┐
          │ Integração do  │
          │    ser humano  │
          └────────────────┘
```

Logo, um treinador deve ter o devido cuidado para que o preparo físico que planeja não caia no reducionismo, proporcionando sempre o bom rendimento do atleta no jogo, por exemplo. É importante ressaltar que o bom desempenho depende da forma como o treinador aborda o psicológico desse atleta, visto que a preparação mental também faz parte de todo o processo de aprimoramento da *performance*.

O fator simultaneidade diz respeito às experiências que são vividas pelo indivíduo ao longo de sua vida. É importante lembrar que as experiências estão relacionadas ao ambiente e ao contexto em que o indivíduo vive. Nesse sentido, uma criança que tem maior convívio com adultos tende a desenvolver características próprias deles quando comparada a outra que convive apenas com outras crianças.

No campo da terapêutica, atualmente tem se dado atenção à terapia voltada a equipes, pois percebe-se maior recuperação dos indivíduos quando contam com o apoio do próximo, o qual, muitas vezes, é diferente do que é oferecido pelo profissional. Entende-se, assim, que o apoio horizontal pode ser uma arma forte para o enfrentamento de diversas situações e o aprimoramento das funções relacionadas ao aparelho motor e à *performance*, por exemplo.

A didática constitui outro importante fator no campo da psicologia, pois oferece maior aporte para a aprendizagem, visto que se encontra na dimensão psicofísica. Assim, o aprendizado vai depender da significância e da forma com que o conteúdo é exposto ao cliente ou aluno, por exemplo, evidenciando uma relação de interesse do sujeito pelo objeto de aprendizado. Outra vertente da didática é o processo de comunicação, em que o profissional deve se preocupar em apresentar ao cliente ou aluno as melhores formas de se comunicar, além de uma personalidade agradável.

Exemplificando

Para que a percepção pessoal tenha sua atenção direcionada a determinado aprendizado, é necessário que haja interesse no objeto de estudo. Por exemplo, quando temos o interesse de saber como se liga uma televisão, por exemplo, buscamos ler o manual de instruções.

A individualidade do ser humano é um fator importante a ser levado em consideração. Nesse sentido, o profissional deve compreender que, a despeito da padronização a que a sociedade é submetida, a composição dela ocorre de forma totalmente diferenciada e desigual. Assim, nos estudos sobre a mente e o corpo, devemos compreender, primeiramente, que cada ser, cada mente e cada personalidade são únicos. Essa é uma das explicações mais plausíveis para situações em que os acontecimentos não são sentidos igualmente pelas pessoas ou não despertam reações similares nelas.

Com relação à teoria bipolar, é importante ressaltar que a visão nesse contexto deve ser sistêmica. Nesse sentido, entendemos que as funções do ser humano são bem desempenhadas quando há uma boa integração entre corpo e mente. Partindo-se desse pressuposto, é possível entender a necessidade de se tratar a saúde considerando-se ambos os elementos; afinal, por meio deles e de sua boa integração é que as funções são desempenhadas de forma adequada. Assim, pode-se dizer que a visão do ser humano deve ser holística.

O que é?

Na história da saúde, a **visão holística** foi instituída quando passou-se a compreender que o ser humano não devia mais ser tratado apenas com base na visão biomédica, isto é, considerando-se apenas o problema em si, como uma dor no joelho, por exemplo. O sujeito passou a ser visto e tratado de forma global, ou seja, de maneira holística, considerando-se todas as suas dimensões e seu contexto social.

Mediante a inclusão do conceito de *visão holística* e do novo modelo de assistência à saúde e do modelo biopsicossocial, o ser humano passou a ser tratado com maior dignidade. Além disso, procurou-se entender ambos os componentes do ser (corpo e mente). Essas concepções são importantes para que possamos diferenciar os indivíduos e compreender que não há um padrão, visto que os seres humanos constituem variações uns dos outros, pois nem mesmo na estrutura familiar há duas pessoas iguais, com personalidades e mentes idênticas.

5.2.2 Educação física e movimento sob as dimensões psicológicas[1]

Pensando no exercício da educação física, um treinador planeja seus objetivos e suas metas de acordo com as necessidades de cada atleta. Nesse contexto, ele também avalia o atleta em suas dimensões física e psicológica, de forma a compreender quais são as capacidades físicas e somáticas dele. Essa investigação inicial é necessária para o desenvolvimento de treinamentos, visto que devem ser sistematizados e específicos para que se atinja os devidos objetivos.

Outros aspectos como o tempo e o espaço também devem ser levados em conta como dimensão física. A dimensão temporal limita a duração das atividades, assim como seu prolongamento durante um período de tempo. Logo, o tempo é algo que pode envolver e influenciar a ansiedade e a impaciência do indivíduo, e, dependendo do contexto, até ocasionar frustação, em virtude da sensação de incapacidade de atingir o objetivo proposto ou esperado por ele.

Com relação ao treinamento desportivo, o tempo pode ser um dos desafios tanto para o treinador quanto para o atleta, pois, na maioria das vezes, o tempo para se obter as capacidades e habilidades físicas é curto, o que demanda grande dedicação e confiança de ambas as partes. Assim, cabe ao profissional gerir esse tempo e orientar quando não é possível adquirir determinada capacidade com o tempo disponível. Essa é uma ação importante vinda do profissional de educação física, em que ele reconhece que há maior risco do que benefícios se continuar desgastando o atleta.

A didática atua de forma importante nesse campo, para que os ensinamentos sejam bem passados e o aprendizado aconteça de forma colaborativa, de modo que o atleta se sinta confortável

---

[1] Esta seção está fundamentada em Rubio (2000).

com os meios adotados pelo profissional para lidar com seus treinos. Essas são ações que geram satisfação e confiança no atleta, fazendo com que esteja mais disposto a colaborar e compreender as falas e orientações de seu treinador. É importante ressaltar que essa relação deve ser incentivada, pois somente com a colaboração mútua é que o desempenho pode ser aprimorado de maneira adequada.

O espaço constitui outra dimensão importante, na qual o limite físico é dado a partir do espaço. Os bebês, por exemplo, quando se separam do corpo materno, no nascimento, começam a ter as próprias experiências individuais, tornando-se abertos às percepções e às sensações que são sentidas somente pelo próprio corpo. Assim, o corpo passa a ser o meio de comunicação do bebê com o meio – a cada nova experiência, ele ganha um novo aprendizado. Os sentidos (audição, tato, olfato, gustação e visão) vão se desenvolvendo aos poucos, conforme ele é exposto às novas experiências.

Fisicamente, a personalidade está confinada aos limites do corpo, embora possa ser vista como uma extensão do próprio corpo. As mãos são segmentos que dão maior vida e percepção à personalidade, fazendo com que o indivíduo tenha maior superfície de contato com objetos e pessoas (por meio do abraço, por exemplo).

Não podemos deixar de falar dos principais aparelhos de locomoção: as pernas. Por meio delas é que o indivíduo cria sua independência e exerce seu direito de ir e vir, podendo se deslocar para lugares distintos ou, até mesmo, atingir pontos mais distantes com os prolongamentos das pernas, como é o caso de crianças que não têm braços e desenvolvem seus sentidos com os membros inferiores.

O corpo é visto como o receptáculo da alma. Nesse sentido, ele demonstra todas as suas sensações, mesmo que de forma autônoma. O corpo é utilizado também para as relações interpessoais e de comunicação, ações consideradas muito importantes para o desenvolvimento da humanidade e a continuidade da vida em comunidade. Dessa forma, o corpo é também um meio de expressão do ser humano. Por meio dele se constituem os movimentos e as intenções durante as ações do sujeito. Nem sempre essas ações são bem planejadas, como os movimentos reproduzidos por uma bailarina, mas, ao mesmo tempo, podem demonstrar a personalidade e o estado de ânimo do indivíduo naquele momento.

Outro fator a ser considerado quanto ao movimento é a significação, em que algo pode ter um significado diferente para cada pessoa. Além do mais, as diferenças de culturas podem indicar grandes distinções nas interpretações dos movimentos e nas ações propostas por danças ou por simples movimentos do cotidiano.

Exemplificando

Em determinada cultura, um padre, ao entrar em um espaço sagrado, costuma fazer o sinal da cruz, o que, em outras culturas, pode não significar nada. Em algumas culturas, as mulheres devem reverenciar os maridos, ao passo que na cultura brasileira isso não faz sentido. Assim, as culturas ditam muito sobre as ações e os comportamentos do dia a dia da sociedade.

As relações do ser humano com o mundo se fazem por meio do corpo, cujos movimentos sempre estarão voltados às necessidades e aos interesses pessoais.

As personalidades podem ser diferenciadas por meio da observação. Vejamos as principais delas. A **autorrealização** se refere àquele indivíduo que está sempre atingindo os objetivos estabelecidos com o maior rendimento possível e o mínimo de energia. Ele faz isso de uma forma natural, sem se forçar ou extenuar-se demais ao tentar alcançar seus objetivos. Já a **necessidade**

social consiste no espírito de equipe. Por meio dele, o indivíduo se relaciona de forma natural com as pessoas, comportamento que lhe parece ser inerente. Assim, ele consegue liderar grupos e realizar determinadas decisões sem que nada saia fora de seu controle. A **afetividade**, por sua vez, leva a todos ou a maioria ao redor do sujeito a respeitá-lo e aceitá-lo. Nessa personalidade, são exaltados os valores humanos, como o amor, o respeito, o apoio, o reconhecimento, a gratidão e o interesse. Dessa forma, os sujeitos se sentem à vontade e confortáveis para se manterem por perto e realizarem as vontades do outro.

Exercício resolvido

No estudo do comportamento motor e do movimento, o corpo integra parte essencial, pois, por meio dele, ações são executadas e sentimentos e aprendizados são demonstrados. Com relação ao estudo desses conceitos e ao corpo, analise as afirmações a seguir e assinale V para as verdadeiras e F para as falsas.

( ) O corpo é considerado apenas um material físico, influenciado pela mente e totalmente dependente de suas atitudes.
( ) O corpo permite expressar sentimentos e sentir sensações, servindo como subsídio material para a mente.
( ) A significação do movimento realizado pelo corpo não é importante, visto que ela apenas faz sentido para sua cultura.

Agora, assinale a alternativa que apresenta a sequência correta:

a) F, V, V.
b) F, F, V.
c) F, F, F.
d) V, F, V.
e) V, V, V.

Gabarito: C

***Feedback* do exercício:** O corpo é considerado parte importante da integração do indivíduo com o meio e com os outros, ou seja, por meio dele é possível que o indivíduo estabeleça relações com o ambiente e outros seres. A significação do movimento é algo importante, pois é preciso saber a respeito da cultura e das rotinas que integram a vida do indivíduo para compreendê-lo.

5.3 Desenvolvimento ao longo da vida

O desenvolvimento é um processo dinâmico e que acontece de forma gradativa ao longo da vida do ser humano, desde a sua concepção até a sua morte, onde se encerra o ciclo de vida. Essa concepção está relacionada ao aprendizado e ao surgimento de novas habilidades ao longo da vida, pois indica que, mesmo que o indivíduo tenha seu maior período de desenvolvimento do nascimento à adolescência, ele pode continuar desenvolvendo habilidades e outras condições ao longo de sua existência.

Para estudar o desenvolvimento, optamos por dividi-lo em estágios que indicam cada período específico. É importante ressaltar que as faixas etárias são apenas uma média e que as características citadas poderão acontecer antes ou após o período citado. O desenvolvimento também pode ser específico para cada área, de forma que uma pessoa que tenha uma capacidade superior em uma área nem sempre terá capacidade similar em outras áreas. É possível perceber, assim, que as áreas de desenvolvimento podem ser independentes, o que explica o desenvolvimento de certas habilidades mais específicas em uma pessoa do que em outra.

Exemplificando

Um cantor tem características de canto mais aguçadas que um pintor, por exemplo. Esse desenvolvimento aconteceu em áreas diferentes em cada um deles, de forma que cada um se tornou especialista em uma habilidade. Em outras palavras, ter alta capacidade para a natação não significa que o mesmo ocorrerá para a corrida, por exemplo. Assim, as características individuais relacionadas ao ganho de habilidades podem acontecer de forma diferente em cada indivíduo, não garantindo seu sucesso em outras tarefas.

Como mencionado, o desenvolvimento acontece por meio de processos contínuos e não apresenta uma cronicidade exata para ocorrer, de forma que a aquisição de capacidades não acontece com a mesma pontualidade do relógio biológico. Nesse sentido, a sequência de habilidades é adquirida de forma mais específica, com a maturação e o desenvolvimento sendo determinados pela experiência do indivíduo. Assim, a influência do ambiente e das tarefas exerce papel importante durante o processo de desenvolvimento de habilidades e novos aprendizados.

O desenvolvimento também tem ligação com o processo de maturação e com o avanço da idade. Muitas vezes, os estímulos do ambiente e das tarefas é que irão possibilitar maiores ou menores ganhos em determinadas habilidades, fazendo com que o indivíduo se torne especialista nestas conforme as desenvolve ao longo da vida.

O comportamento está relacionado a respostas produzidas pelo indivíduo. Nesse sentido, uma pessoa pode ser compreendida com base em seus vários comportamentos, como o psicomotor, o cognitivo e o afetivo. O comportamento psicomotor está relacionado à desenvoltura motora, o cognitivo, ao intelecto, e o afetivo, ao lado socioemocional do indivíduo. Sendo assim, quando se estuda o comportamento, deve-se ter em vista a inter-relação entre esses três domínios.

O **domínio psicomotor** se refere às mudanças que acontecem por meio do funcionamento das estruturas neuromusculares. Pode-se também levar em conta a estabilização dessas mudanças e, até mesmo, a regressão proveniente de processos específicos. Esse domínio está intimamente relacionado aos fatores cognitivos, nos quais estão os centros superiores do cérebro, considerando a atividade reflexa dos centros inferiores.

O **domínio cognitivo** está atrelado ao comportamento motor e integra a relação entre mente e corpo. Essa interação produz os movimentos e a descoberta das partes do corpo pelo bebê, por exemplo. Piaget é o grande precursor dessa concepção, que explica em grande parte as teorias relacionadas ao desenvolvimento perceptivo-motor.

O **domínio afetivo** contempla o movimento humano quanto à sensibilidade dos sentimentos e das emoções do sujeito. Os movimentos são propostos de forma mais segura, com determinada competência e emoção, de acordo com a afetividade do indivíduo.

Assim, o aprendizado constitui-se como um processo interno da pessoa, em que são percebidas as mudanças por meio do comportamento desta. O aprendizado está relacionado à experiência, à educação e ao treinamento referentes aos processos a serem aprendidos.

5.4 Métodos de estudo do desenvolvimento

O desenvolvimento motor pode ser estudado com base em métodos diferentes. Isso significa que cada método (longitudinal, transversal e longitudinal misto) permite que se observe o desenvolvimento por meio de perspectivas distintas, o que faz com que, no fim das contas, o **método longitudinal** seja mais utilizado para tal condição. Trata-se de uma abordagem em que a coleta de dados explica as mudanças ocasionadas no comportamento ao longo do tempo. Esse método de estudo propõe as mudanças ao longo do tempo e de uma forma gráfica, ou seja, dinâmica.

Essa é uma abordagem que demanda tempo para o acompanhamento do desenvolvimento, mas, ao mesmo tempo, oferece a evolução das variáveis de forma isolada e associada ao longo do tempo. Esse tipo de método estuda grupos de indivíduos – o ideal é que sejam da mesma idade – a fim de se observar as variações de um para o outro ao longo do tempo. O maior propósito é, assim, analisar as mudanças que acontecem no comportamento ao longo da idade. Nesse sentido, as mudanças podem ser comparadas entre os indivíduos, já que eles têm a mesma idade, ou observadas em uma mesma pessoa no decorrer de seu desenvolvimento.

Já o **método transversal** diz respeito ao tipo de estudo em que o pesquisador pode selecionar um momento apenas para coletar os dados. Para isso, normalmente são selecionadas pessoas com características parecidas e de mesma idade. Nesse sentido, o propósito da abordagem é analisar as diferenças de comportamento com relação à idade. Por outro lado, como o teste ocorre em um único momento, não é possível acompanhar as mudanças de comportamento que acontecem ao longo do tempo. Assim, esse método é capaz de gerar a média das variáveis, mas não uma relação de crescimento ou de mudanças de comportamento, como no método longitudinal. Dessa forma, é questionável a aplicabilidade dessa abordagem para determinados desfechos a serem avaliados.

Perguntas & respostas

1. **Por qual razão os estudos transversais são conhecidos por serem práticos, rápidos e diretos?**

   Esses estudos fornecem dados em menor tempo e são utilizados para a identificação de casos típicos, como o desenvolvimento de uma variável comum aos 2 anos de idade. Por exemplo, ao comparar a presença ou não dessa variável em determinada idade, o pesquisador poderá perceber se o fenômeno é comum de acontecer nessa faixa etária.

A fim de modificar o processo de pesquisa baseado no método transversal, foi criado o **método longitudinal misto**, que propõe a combinação de estudos transversais e longitudinais. Assim, promove-se a descrição e/ou a explicação das diferenças encontradas nos dados em função do tempo e da idade. Nesse método, seleciona-se os participantes, realiza-se o estudo transversal e propõe-se a continuidade do estudo de tempos em tempos, tornando-o longitudinal, mas sem o caráter contínuo. Com base nisso, os resultados podem ser analisados e acompanhados de forma longitudinal e as mudanças podem ser apontadas ao longo da pesquisa. Esse tipo de pesquisa também demanda algum tempo e um pouco menos de dedicação que o método longitudinal.

Esse método permite que o pesquisador também faça algumas análises com os dados da primeira coleta, logo no início da pesquisa. Assim, ele pode mudar o delineamento ou adicionar variáveis ao estudo conforme realiza suas etapas.

Figura 5.3 Métodos de estudo para o desenvolvimento motor

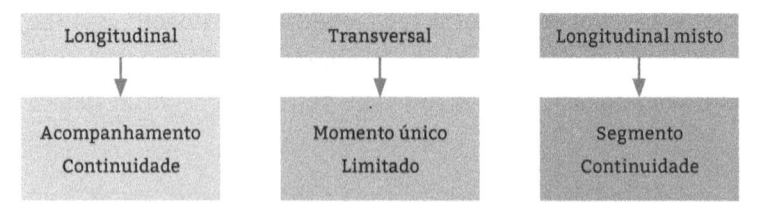

Longitudinal	Transversal	Longitudinal misto
Acompanhamento Continuidade	Momento único Limitado	Segmento Continuidade

Esses três métodos de estudo podem ser adaptados ao tipo de desfecho que se quer avaliar no desenvolvimento motor, sendo que cada um deles conta com suas especificidades. Nesse sentido, cabe ao pesquisador observar quais serão os desfechos e as variáveis a serem observadas, assim como a leitura na íntegra de suas condições já avaliadas por outros pesquisadores. Dessa forma, fica mais fácil definir o que avaliar e qual método será mais eficiente para o contexto em que se encontra a pesquisa.

5.4.1 Métodos de estudo do produto e do processo

O **teste de desenvolvimento motor grosso (TGMD-2)** foi proposto pelo estadunidense Dale Ulrich. Trata-se de um teste de referência discriminatório e normativo usado para avaliar as habilidades motoras de crianças de 3 a 10 anos. As habilidades motoras grossas geram força para mover torso, membros superiores e inferiores. O TGMD-2 é projetado para avaliar o desenvolvimento motor em si, porém, fatores como idade e sexo cada vez mais tem sido utilizados em pesquisas. O objetivo é analisar a capacidade atlética relacionada à saúde física, o nível de atividade física, os parâmetros cognitivos, o *background* social e cultural etc. Esse teste foi aplicado em diferentes países, como Chile, Coreia do Sul e Brasil (Santos et al., 2020).

O TGMD-2 inclui avaliação qualitativa de seis habilidades de mobilidade (corrida, salto de obstáculos, salto, galope, salto horizontal e deslizamento) e seis habilidades de controle de objeto utilizando-se bola (chutar, rolar, pegar, bater, bombardear e lançar), devendo-se conduzir a avaliação de qualidade mecânica para essas habilidades (Ulrich, 2000).

O teste é fundamentado em instrução oral e aplicativos de demonstração. É fácil de aplicar, levando um tempo médio de 15 a 30 minutos para ser realizado. Pode ser utilizado para se mensurar o desenvolvimento motor, identificar crianças com atrasos no desenvolvimento motor, planejar e controlar o aprimoramento das habilidades das crianças, avaliar mudanças provenientes de idade, experiência, educação ou intervenção etc. (Ulrich, 2000).

A capacidade de execução das habilidades motoras fundamentais durante a infância em um nível adequado à idade tem sido considerada o principal indicador de CM [competência motora]. Crianças que apresentam domínio adequado nessas habilidades tendem a apresentar maior envolvimento com a prática de AF [atividade física], favorecendo ainda mais o desenvolvimento motor e podendo gerar um ciclo comportamental virtuoso, que aumenta a probabilidade de continuidade de prática de AF e benefícios à saúde ao longo da vida.

Logo, o exercício não deve ser ignorado ou considerado secundário no desenvolvimento infantil, por estar intrinsecamente ligado ao desenvolvimento cognitivo. A infância é um marco essencial para o desenvolvimento das habilidades motoras: se estas estiverem em um nível apropriado, podem desempenhar um papel fundamental na saúde física e mental das crianças, reduzindo o risco de sobrepeso, obesidade e doenças crônico-degenerativas.

5.5 Faixas etárias do desenvolvimento

Com mencionamos, o desenvolvimento motor acontece em fases ou faixas etárias. Pela classificação por faixa etária, é possível compreender os processos de desenvolvimento e sua ordem cronológica básica. Essa cronologia segue desde o nascimento até a idade adulta, de forma que os períodos são menores na primeira infância, visto que é uma das fases em que mais acontecem mudanças.

A idade biológica diz respeito à idade que o indivíduo exibe com base em seu processo de desenvolvimento. Assim, pessoas com atraso motor podem apresentar idade cronológica menor que as ideais para a idade real. Confira na tabela a seguir as classificações dos períodos de acordo com a idade.

Tabela 5.1 Classificação etária de acordo com a cronologia convencional

Período	Faixa etária aproximada
I Vida pré-natal	(Da concepção até o nascimento)
A. Período do zigoto	Concepção – 1 semana
B. Período embrionário	2 – 8 semanas
C. Período fetal	8 semanas – nascimento
II O bebê	(Do nascimento aos 24 meses)
A. Período neonatal	Nascimento – 1 mês
B. Início do período de bebê	1 – 12 meses
C. Restante do período de bebê	12 – 24 meses
III Infância	(Dos 2 aos 10 anos)
A. Período entre 2 e 3 anos	24 – 36 meses
B. Início da infância	3 – 5 anos
C. Meio/final da infância	6 – 10 anos
IV Adolescência	(Dos 10 aos 20 anos)
A. Pré-puberdade	10 – 12 anos para meninas
	11 – 13 anos para meninos
B. Pós-puberdade	12 – 18 anos para meninas
	14 – 20 anos para meninos
V Juventude	(Dos 20 aos 40 anos)
A. Período inicial	20 – 30 anos
B. Período de consolidação	30 – 40 anos
VI Meia-idade	(Dos 40 aos 60 anos)
A. Transição da meia-idade	40 – 45 anos
B. Meia-idade	45 – 60 anos
VII Adulto mais velho	(60 anos +)
A. Velho jovem	60 – 70 anos
B. Velho mediano	70 – 80 anos
C. Velho mais velho	80 anos +

Fonte: Gallahue; Ozmun; Goodway, 2013, p. 28.

5.5.1 Crescimento, desenvolvimento e comportamento

O crescimento é definido como a maturação do indivíduo, ou seja, o desenvolvimento de suas estruturas físicas causado pela multiplicação das células de seu corpo. Ele costuma ser utilizado para denominar também as características físicas ao longo do desenvolvimento, estando, assim, ligado a este. Já o termo *desenvolvimento* está relacionado às mudanças que acontecem durante os níveis propriamente ditos, que podem ser compreendidos como a ampliação das capacidades funcionais do sujeito ao longo do processo de desenvolvimento.

O processo de maturação indica que as mudanças podem ser vistas de uma forma qualitativa, pois permitem a progressão do indivíduo para níveis mais elevados nos quesitos funcionais. Também designa que existe uma ordem de progressão em um ritmo aproximado, a qual delimita o surgimento de novas habilidades e capacidades funcionais. Essa maturação está atrelada aos processos aos quais o sujeito está submetido, assim como às experiências, que se referem aos fatores do ambiente e influenciam o aparecimento de determinadas características e habilidades ao longo do desenvolvimento.

Para saber mais

O processo de aprendizado é aquele que acontece durante a fase escolar, na escola ou em qualquer ambiente, com o objetivo de transmitir informações novas ao indivíduo, de modo que este desenvolva novas funções ou raciocínios sobre determinado tema, movimento, objeto, entre outros. Confira a seguir um artigo que trata desse processo.

TABILE, A. F.; JACOMETO, M. C. D. Fatores influenciadores no processo de aprendizagem: um estudo de caso. **Revista Psicopedagogia**, São Paulo, v. 34, n. 103, p. 75-86, 2017. Disponível em: <http://pepsic.bvsalud.org/pdf/psicoped/v34n103/08.pdf>. Acesso em: 21 jul. 2022.

O aprendizado motor está atrelado ao movimento, de forma que as mudanças observadas passam a integrar o comportamento motor de maneira permanente. Em outras palavras, o aprendizado motor é uma habilidade aprendida e que permanece em uso quando necessário.

A habilidade motora é a ação específica ou comum que pode ser aprendida, orientada e é realizada por um ou mais segmentos do corpo. Não são considerados os movimentos reflexos, visto que não se enquadram na definição de tarefa realizada de forma voluntária.

Assim, o comportamento motor também está relacionado às mudanças que acontecem no controle do aprendizado e durante o desenvolvimento motor. Nesse contexto, consideram-se os processos de aprendizado e de maturação associados à *performance* dos movimentos adquiridos ou nos quais o indivíduo se especializa. Já o desenvolvimento motor está relacionado às mudanças que acontecem com base no comportamento motor ao longo do tempo. Além disso, estuda-se o desenvolvimento como parte de um processo que envolve a dinamicidade, e não apenas como um produto ou, até mesmo, um ganho inerte.

Essas características adquiridas e aprimoradas com o tempo fazem jus à *performance* motora do sujeito, a qual está relacionada à prática de uma habilidade de movimento. Assim, os conceitos abordados estão relacionados e cada um deles integra uma unidade do desenvolvimento humano, atribuindo características específicas às ações e aos processos do ser humano.

Exercício resolvido

O comportamento motor está relacionado com diversos termos e conceitos que delimitam as ações e o aprendizado neurocognitivo do indivíduo. Com relação ao estudo desses aspectos, analise as afirmações a seguir e assinale V para as verdadeiras e F para as falsas.

( ) O domínio psicomotor diz respeito às mudanças que acontecem nas estruturas neuromusculares; essas mudanças se estabilizam ou regridem ao longo da vida.

( ) O domínio afetivo está relacionado aos sentimentos e emoções do indivíduo, de forma que a afetividade é expressa por meio dos movimentos e demonstrações dos atos.

( ) O aprendizado motor está relacionado às mudanças que acontecem no comportamento motor de uma forma permanente, como aprender a amarrar os sapatos.

Agora, assinale a alternativa que apresenta a sequência correta:

a) F, V, V.
b) F, F, V.
c) V, V, V.
d) V, F, V.
e) F, F, F.

Gabarito: C

Feedback do exercício: O domínio psicomotor está atrelado às mudanças neuropsicomotoras. Já o domínio afetivo está associado às emoções expostas nos atos, pensamentos e sentimentos do indivíduo ao longo de suas relações e de seu desenvolvimento. O aprendizado, por sua vez, consiste nas mudanças que acontecem continuamente, por meio das quais os indivíduos aprendem novas tarefas e adquirem novas habilidades.

5.5.2 Personalidade[2]

A personalidade é construída por meio do humor e do comportamento do indivíduo, que tem algumas tendências comportamentais diante de diversas situações, como de estresse ou de alegria, por exemplo. Nesse sentido, as pesquisas científicas e o público comunitário buscam compreender esses traços para melhor adequar as atividades aos atletas e, até mesmo, entender os distúrbios relacionados à personalidade, como forma de contornar aquilo que há de negativo e exaltar o lado positivo.

A personalidade é algo individual e que pode variar de acordo com a cultura, o nível social, a criação, o desenvolvimento, a economia, entre outros aspectos. Dessa forma, a personalidade não pode ser totalmente descrita como um padrão comum, em razão da grande quantidade de variações. Nesse sentido, os pesquisadores consideram que a personalidade pode ser formada por traços combinados, os quais garantem a individualidade humana. De acordo com estudos mais antigos, a personalidade consiste na combinação de três dimensões: (1) psicológica, (2) respostas típicas e (3) comportamento relacionado ao papel que se desempenha (Hollander; Willis, 1967).

O núcleo psicológico, mencionado anteriormente, trata do componente mais profundo da personalidade, visto que está relacionado a atitudes, valores, interesses e motivações do sujeito em determinado momento. Está relacionado à parte central da personalidade e indica a real personalidade do indivíduo, ou seja, sua base. Esse núcleo representa os valores básicos, como fraternidade, importância da formação da família e do estabelecimento de amigos, religião a ser seguida etc. É como se fosse a base em que a pessoa foi criada, suas crenças adotadas de acordo com seu contexto e suas atitudes diante de situações já ocorridas.

---

[2] Esta seção está fundamentada na obra de Weinberg e Gould (2017).

Nesse sentido, as respostas típicas são aquelas que ocorrem em situações comuns, em que pode ser entendida a reação do indivíduo diante de estímulos, ajustes e desajustes do ambiente e de outros sujeitos. Essas respostas típicas envolvem características como a esperança, o otimismo e a timidez. Também estão diretamente relacionadas ao núcleo psicológico, visto que elas são apenas um reflexo das características citadas anteriormente. Assim, uma pessoa que tende a ser mais introvertida, tenderá também a ser mais calada e tímida em diversas situações. É importante também compreender o contexto, o qual pode levar um indivíduo com características extrovertidas a agir de maneira contrária, por estar em um ambiente estranho e desconhecido por ele.

O comportamento referente ao papel que se desempenha está relacionado à posição social, ao cargo e a outras funções que o sujeito possa ocupar. Nesse contexto, há a necessidade de se portar de determinadas formas diante do que é imposto pelo cargo ou pela situação. Entende-se, assim, que esse é, entre os outros constructos que formam a personalidade, aquele que mais pode ser variável, indicando a resposta e o padrão de comportamento de acordo com o ambiente, o cargo ou a função que se ocupa. É importante ressaltar que esses papéis e constructos podem entrar em conflito, caso sejam muito discrepantes.

Para entender melhor a personalidade, abordaremos sua estrutura e composição. Isso ajudará a compreender as variações e as respostas mais esperadas pelos públicos e indivíduos.

Os comportamentos da personalidade sofrem indução interna ou externa. A indução interna é claramente designada ao núcleo psicológico, ao passo que a indução externa é definida pelo papel que se desempenha. O mais complicado e difícil de se conhecer é o núcleo psicológico, visto que necessita de um estudo do indivíduo para se observar suas características específicas.

A personalidade pode ser estudada por meio de diversas teorias, como a situacional, a psicodinâmica e a teoria dos traços. Aqui daremos enfoque à teoria dos traços, por ser uma das mais aceitas no contexto prático e científico.

A teoria dos traços defende que a pessoa detém algumas características físicas e comportamentais específicas e que tende a agir de determinadas maneiras quando se encontra diante de situações esperadas. Assim, o comportamento pode ser traduzido por meio de padrões ou traços comportamentais, em que se compreende melhor a forma com que o indivíduo leva a vida e se relaciona com o mundo.

De acordo com a literatura da área, esses traços de personalidade são permanentes, ou seja, parecem ter relação com o conteúdo psicológico anteriormente abordado. Esses traços indicam comportamentos diante de situações imaginadas e tendem a ser consistentes com os valores e o interior do indivíduo. No esporte, esses traços podem ser facilmente percebidos ao se observar os atletas, na forma como batalham para vencer, ou mesmo como comemoram uma vitória ou se entristecem ao perder uma partida. Assim, pode-se compreender que os traços revelam a predisposição para que cada indivíduo reaja de certa forma mediante tais estímulos.

Em um breve histórico sobre o amadurecimento da teoria, entre 1960 e 1970, cientistas definiram 16 fatores que poderiam, de forma independente, descrever o indivíduo. Em 1968, Eysenck e Eysenc entenderam que havia dois traços mais significantes para descrever o ser humano: a introversão e a extroversão. Atualmente, o modelo da teoria da personalidade abrange 5 grandes fatores que podem definir o indivíduo (Allen; Greenlees; Jones, 2013).

Essas cinco dimensões atualmente compõem os seguintes elementos: neurótico (nervosismo, ansiedade, depressão e raiva) *versus* estabilidade emocional; extroversão (entusiasmo, sociabilidade, assertividade e alto nível de atividade) *versus* introversão; abertura para experiências (necessidade, variedade, curiosidade); sociabilidade (amabilidade, altruísmo e modéstia); e conscientização (refreamento, vontade de realização e autodisciplina). Assim, mediante a mensuração do nível de cada um desses traços, fica mais fácil descrever um indivíduo. A literatura também aponta que níveis diferentes de cada um dos traços produz combinações diferentes e reações totalmente distintas.

É importante ressaltar que, com base no conhecimento do nível dos traços de personalidade dos indivíduos, passa a ser possível traçar treinos e estratégias mais condizentes com suas melhores reações. Um estudo de revisão sistemática mostrou que os traços de personalidade de extroversão e conscientização estão relacionados a níveis de atividade física, ao passo que o aspecto neurótico tem uma relação contrária à atividade física, ou seja, negativa (Rhodes; Smith, 2006).

Para medir os traços de personalidade, os profissionais utilizam questionários autoavaliativos , cujas respostas contemplam uma escala de como a pessoa se sente em diversas situações. No inventário de confiança esportiva de traço (Figura 5.4), por exemplo, solicita-se que o indivíduo se identifique geralmente por meio de seus sentimentos. Já no inventário de confiança esportiva de estado (Figura 5.5), pede-se que o sujeito se identifique com base em como se sente naquele instante sobre diversas situações. Isso implica na diferença básica entre as alterações do ambiente e do momento em que o indivíduo irá se autoavaliar.

Figura 5.4 Inventário de confiança esportiva de traço

Inventário de confiança esportiva de traço

Pense no quanto você é autoconfiante quando compete em esportes. Responda as três perguntas a seguir com base no quanto *geralmente* se sente confiante quando compete em seu esporte. Compare sua autoconfiança com a do atleta mais confiante que você conhece. Responda, por favor, como realmente se sente, não como gostaria de se sentir (circule um dos números).

	Baixa	Média	Alta
1. Compare sua confiança em sua capacidade de executar as habilidades necessárias para ser bem-sucedido com a do atleta mais confiante que você conhece.	1 2 3	4 5 6	7 8 9
2. Compare sua confiança em sua capacidade de desempenho sob pressão com a do atleta mais confiante que você conhece.	1 2 3	4 5 6	7 8 9
3. Compare sua confiança em sua capacidade de concentrar-se o suficiente para ser bem-sucedido com a do atleta mais confiante que você conhece.	1 2 3	4 5 6	7 8 9

Fonte: Weinberg; Gould, 2017, p. 33.

Figura 5.5 Inventário de confiança esportiva de estado

Inventário de confiança esportiva de estado

	Baixa	Média	Alta
1. Compare a confiança que sente neste momento em sua capacidade de executar as habilidades necessárias para ser bem-sucedido com a do atleta mais confiante que você conhece.	1 2 3	4 5 6	7 8 9
2. Compare a confiança que sente neste momento em sua capacidade de desempenho sob pressão com do atleta mais confiante que você conhece.	1 2 3	4 5 6	7 8 9
3. Compare a confiança que sente neste momento em sua capacidade de concentrar-se o suficiente para ser bem-sucedido com a do atleta mais confiante que você conhece.	1 2 3	4 5 6	7 8 9

Fonte: Weinberg; Gould, 2017, p. 33.

Síntese

- O estudo do desenvolvimento motor está intimamente relacionado ao desenvolvimento psíquico ou cognitivo, pois, por meio dele, há a integração entre o corpo e a mente.
- No âmbito escolar, a Educação Física trabalha com atividades para estimular o desenvolvimento motor normal, a fim de oferecer subsídios para as próximas fases do desenvolvimento.
- O desenvolvimento de atividades físicas também é importante para que, além das habilidades de raciocínio, o indivíduo aprimore suas competências físicas, que também fazem parte do processo de desenvolvimento cognitivo.
- O estudo do movimento é importante, uma vez que aborda aspectos intrínsecos do ser humano durante seu desenvolvimento. Por meio desses conhecimentos, o profissional de educação física pode traçar as melhores estratégias.
- É importante o conhecimento do processo evolutivo e de desenvolvimento motor do ser humano para que possam ser comparadas as necessidades reais do cliente ou aluno à sua idade biológica.
- O estudo da personalidade consiste em parte importante do conhecimento do indivíduo, seja ele aluno, seja ele atleta, pois os traços de personalidade podem dizer muito sobre o que se espera do indivíduo com relação ao estímulo dado pelo profissional. Assim, é possível traçar treinos e estímulos específicos para atender o indivíduo de forma mais adequada a seu contexto e sua personalidade.
- A educação física integra o estudo do movimento com o desenvolvimento e os aspectos psicológicos do ser humano, proporcionando o estudo integral do indivíduo, bem como propõe o modelo biopsicossocial em saúde, de forma que seja possível traçar condições adequadas e contextualizadas para os sujeitos.

Capítulo 6

Aspectos psicológicos humanos

Conteúdos do capítulo

- Psicologia do ser humano.
- Aspectos psicológicos relacionados ao desenvolvimento.
- Aspectos psicológicos relacionados ao rendimento esportivo.
- Psicologia do esporte.
- Fatores motivacionais e emocionais na prática de atividades físicas.

Após o estudo deste capítulo, você será capaz de:

1. identificar os aspectos psicológicos humanos;
2. compreender a psicologia do ser humano;
3. determinar os aspectos que estão relacionados ao desenvolvimento;
4. elencar os aspectos relacionados ao rendimento esportivo;
5. identificar o modelo das atribuições;
6. examinar os treinamentos e as formas de treinamento psicológico para o esporte.

O estudo da psicologia se faz importante para as relações humanas e para definir as abordagens que o profissional de educação física deve desenvolver, pois é uma área voltada aos aspectos psicológicos. Nesse sentido, é necessário compreender quais são os aspectos psicológicos que envolvem o ser humano durante sua trajetória e relacioná-los aos mais variados contextos de vida. Considerando-se cada contexto, é tomada uma atitude diferente, de forma a oferecer o melhor apoio psicológico para o atleta ou aluno.

O profissional deve conhecer a formação da psicologia humana, assim como entender os aspectos referentes ao desenvolvimento do indivíduo, processo que depende de características biológicas (hereditárias) e ambientais, além das influências que eles são capazes de exercer na vida humana.

Nesse contexto, os aspectos ambientais são responsáveis por grande parte do desenvolvimento humano e do estímulo de novos hábitos, competências e aprendizados. A compreensão desse processo é necessária para que se tenha ideia de como funcionam os aspectos psicológicos humanos, sendo importante considerar ainda a individualidade do sujeito e o fato de que tudo pode sofrer alterações.

Mediante a consciência sobre as formas de desenvolvimento e os aspectos variados que podem estar relacionados, o profissional deve desenvolver condutas adequadas ao cliente/aluno, de forma a oferecer um apoio psicológico, incentivando-o, motivando-o, integrando seu bem-estar psicofísico, de modo a melhorar suas habilidades, competências e satisfação consigo mesmo, o que resulta em uma melhor qualidade de vida.

O conhecimento sobre as formas de treinamento psicológico, principalmente no âmbito esportivo, permite ao profissional traçar condutas adequadas e eleger modelos para fundamentar e aprimorar as condições psicofísicas do atleta. O mesmo pode ser visto no ambiente escolar, quando o professor utiliza técnicas para redução da ansiedade e melhora da motivação das crianças. Dessa forma, é importante compreender os processos que envolvem o indivíduo e o funcionamento das teorias e técnicas voltadas ao treinamento psicológico do cliente/aluno.

6.1 Psicologia do ser humano

A psicologia abrange os aspectos psíquicos e cognitivos do ser humano. Nesse sentido, revela as vertentes do indivíduo, como seus valores, desejos e receios. Todas essas condições são passíveis de adaptações conforme o momento que o sujeito está passando, o que indica que o ser humano e seus processos psicológicos estão em constante mudança e adaptação. Dessa forma, podemos pensar no ser humano como um aglomerado de pensamentos e sentimentos, sujeito a transformações físicas e psíquicas ao longo da vida e de acordo com os estímulos do ambiente e do contexto sociocultural. Nesse sentido, podemos citar os relacionamentos como um dos principais influenciadores das adaptações humanas durante o processo de desenvolvimento.

Por outro lado, todo o processo de desenvolvimento influencia as reações do ser, tendo em vista seu amadurecimento e suas condições cognitivas que vão se tornando cada vez mais adaptadas e evoluídas. O conjunto desses elementos interage com o ambiente, o que possibilita relações diferenciadas e adaptadas a cada dia, visto que o processo é altamente dinâmico, considerando-se que todos os dias são diferentes, pois a cada momento se ganha novas capacidades e habilidades.

Dessa forma, estudar os aspectos psicológicos é uma maneira de compreender os eventos e as necessidades dos indivíduos. O profissional de educação física deve ser uma ponte para que o atleta ou o escolar tenha maior facilidade de alcançar seus objetivos diante das dificuldades e imposições psicológicas presentes em suas concepções. Assim, para estimular os alunos da melhor maneira possível, o professor pode procurar motivá-los de alguma forma, tendo em mente que há seis tipos de motivação: incentivo, medo, conquista, crescimento, poder e social.

- **Incentivo**: Envolve uma recompensa, que pode ser em dinheiro ou não
- **Medo**: Tem como resultado consequências negativas, ou seja, não alcançar determinado objetivo acarretará consequências negativas.
- **Conquista**: Tem relação com a enorme satisfação em alcançar o objetivo proposto.
- **Crescimento**: Satisfaz as pessoas com necessidade constante de dar o melhor de si mesmas.
- **Poder**: Envolve um desejo por autonomia ou por ter o controle sobre outras pessoas.
- **Social**: Trata-se da vontade de ser aceito, de fazer parte de um grupo.

Assim, enquanto o preparador se preocupa em motivar, incentivar e auxiliar o atleta, focando em sua *performance* e, ao mesmo tempo, em seu bem-estar pessoal, o professor de Educação Física procura oferecer subsídios para o ganho de capacidades e habilidades novas e necessárias ao desenvolvimento cognitivo de seus alunos.

É importante ressaltar que, no âmbito escolar, o professor de Educação Física tem o compromisso de lidar com o desenvolvimento neuropsicomotor dos escolares, de forma que essas condições e novas habilidades influenciem no ganho de novas competências também em outras áreas que envolvam o movimento e a aprendizagem.

6.2 Aspectos psicológicos relacionados ao desenvolvimento[1]

Durante o desenvolvimento do indivíduo, é possível perceber diversas condições. Ao mesmo tempo, por ser dinâmica, a vida promove muitas mudanças e adaptações, fatores que também são considerados no processo de desenvolvimento. Nesse sentido, o estudo dessas condições está relacionado à psicologia social, área que estuda a interação social, do todo para o específico (individualidade). Por meio dessas interações é possível observar manifestações comportamentais dos sujeitos, de forma que os aspectos psicológicos humanos passam a ser mais evidenciados.

O desenvolvimento psicossocial ocorre em todas as fases da vida, desde o nascimento até o envelhecimento. De acordo com Erikson (citado por Veríssimo, 2002), essas fases são: estágio sensorial, que vai até cerca dos 18 meses de vida; primeira infância (fase do desenvolvimento muscular), que ocorre dos 18 meses até os 3 anos; segunda infância (fase do controle locomotor), que vai dos 3 aos 5 anos; período de latência (fase escolar), que vai dos 5 aos 13 anos; adolescência ou puberdade (moratória psicossocial), que vai dos 13 aos 21 anos; maior idade, que vai dos 21 aos 40 anos; meia idade, que vai dos 40 aos 60 anos; e maturidade, acima dos 60 anos.

Nesse aspecto, a percepção social é uma das mais importantes condições psicológicas do indivíduo. Sob essa ótica, o ser humano percebe o mundo e a si mesmo, revelando assim outros aspectos relacionados ao seu processo de maturação cognitiva e psicológica. A impressão que temos do outro depende da organização de nossa consciência e do nível que ela alcançou ao longo do desenvolvimento.

---

[1] Esta seção foi elaborada com base na obra de Bock, Furtado e Teixeira (2001).

Exemplificando

Imagine que em nossa comunidade é comum que as mulheres usem saias e os homens usem calças e *shorts*. Assim, quando vemos uma saia pendurada em um varal, deduzimos que naquela casa mora uma mulher, ao passo que uma calça indicará a presença de um homem. No entanto, ao sairmos de nosso contexto, poderemos perceber que em outros lugares as mulheres também podem usar calças, e dependerá de nosso desenvolvimento cognitivo e apreensivo compreender que essa é uma situação normal.

A **comunicação** é fator importante para as relações interpessoais e a troca de informações entre as pessoas, pois auxilia no processo de percepção que temos dos outros. Trata-se de um processo que ocorre com a participação de, pelo menos, duas pessoas e pode ser verbal e não verbal, em que as informações podem ser passadas por mensagens, códigos e símbolos. Assim, ocorre mediante qualquer forma de transferência de informações entre as pessoas e também os animais.

No processo de comunicação, temos o transmissor, a mensagem e o receptor. Nesse contexto, a psicologia social busca identificar a interdependência e a influência entre as pessoas e a forma como se comunicam. Dessa maneira, é possível determinar o tipo de influência, as características da mensagem, a persuasão passada por ela e os processos psicológicos que podem ser transmitidos pela comunicação.

Outro fator, as **atitudes**, são os meios com que promovemos as ações. Elas são identificadas pela psicologia social como a ação que protagoniza nossas vontades, nossos instintos e nossos objetivos quando nos comunicamos ou expressamos algo. Dessa forma, a atitude está diretamente relacionada à afetividade e à condição psicológica do indivíduo naquele momento. A atitude é, então, uma forma de comportamento, o qual é estudado pela psicologia social como meio de compreender os processos psicológicos e psicofísicos do sujeito.

A **atividade**, por sua vez, foi constituída por meio da renovação da psicologia social e está relacionada à vida material do sujeito. Assim, a atividade propõe a apropriação do mundo pelo homem, de forma que ele "toma conta do mundo" quando cresce e passa a compreender as relações sociais e interpessoais. A prática do ser humano é baseada na atividade, por meio da qual se desenvolve o conhecimento e o pensamento ao longo de seu desenvolvimento.

Por sua vez, a **consciência** do ser humano diz respeito à forma como o homem se relaciona ao objeto. Ela indica as formas de ação por meio da percepção de cada sujeito. Considera-se, nesse sentido, que o homem tem seus processos objetivos, como a forma com que ele compreende o mundo, por exemplo, a qual gera imagens e relações objetivas construídas por meio de sua forma de compreensão.

Exemplificando

As relações das aranhas com suas teias indicam a forma com que elas se relacionam com o objeto e o meio. Essa estratégia está relacionada à oferta de alimento, pois, por meio da teia, a aranha consegue coletar insetos para sua alimentação. Assim como ocorre com os animais, o homem reage aos objetos de acordo com sua relação com eles e com a própria consciência.

O fator **identidade** diz respeito à imagem do indivíduo perante o mundo. Ela se desenvolve em um processo dinâmico, considerando-se a mudança de atitudes e de consciência constantes, ou seja, o sujeito, ao longo do tempo, pode mudar sua concepção, suas atitudes e, até mesmo, sua forma física (que nada mais é que uma maneira de sinalizar uma mudança interior).

Portanto, a identidade consiste na representação e no sentimento do indivíduo com relação a si próprio. Essa representação é criada ao longo do desenvolvimento e estará relacionada às experiências e às adaptações aos estímulos do contexto em que ele vive. Dessa forma, a identidade está atrelada às experiências adquiridas, inclusive as ruins, que moldam a imagem do sujeito perante a sociedade.

A **inteligência**, por seu turno, é a capacidade de aprendizado do indivíduo. Quando alguém tem mais experiência de vida, geralmente também tem mais facilidade de encarar novos desafios. Assim, podemos dizer que, no ambiente escolar, a capacidade dos alunos é testada e inovada a todo tempo diante dos novos desafios propostos a eles.

Logo, a identidade e a inteligência estão interligadas, pois ambas fazem parte do processo de desenvolvimento psicossocial do indivíduo, dependendo da fase na qual ele se encontra em seu processo de desenvolvimento, pois em cada uma delas a percepção de mundo e a identidade se modificam, bem como a inteligência é aprimorada, corroborando a mudança de identidade e de percepção do mundo.

Exercício resolvido

Os aspectos psicológicos do ser humano definem suas características e são desenvolvidos por meio das relações sociais. Nesse sentido, a área que estuda esses aspectos e a relação deles com a sociedade é a psicologia social. Com relação aos aspectos psicológicos do ser humano, analise as afirmações a seguir e assinale V para as verdadeiras e F para as falsas.

( ) O preparador ou treinador deve ter em mente os aspectos que podem ser influenciados pelo ambiente, como forma de adequar suas condutas para melhor atender clientes, atletas ou alunos.

( ) A percepção social indica a visão do indivíduo em relação ao mundo e a si mesmo, exibindo sua maturação psicológica e cognitiva por meio dela.

( ) No processo de comunicação, há o transmissor, o receptor e a mensagem, a qual pode ser verbal ou não verbal.

Agora, assinale a alternativa que apresenta a sequência correta:

a) V, V, V.
b) F, F, V.
c) F, V, V.
d) V, F, V.
e) F, F, F.

Gabarito: A

***Feedback* do exercício**: O treinador deve dar importância aos aspectos psicológicos influenciáveis do ser humano, pois esses artifícios ajudam a promover o treinamento. A percepção social pode ser indicada como a forma com que o indivíduo se vê e encara o mundo, considerando-se sua maturidade e seu desenvolvimento cognitivo. Na comunicação, as informações podem ser passadas por linguagens ou códigos; assim, não é necessário que a mensagem seja falada pelo transmissor para ser recebida pelo receptor.

6.3 Aspectos relacionados ao rendimento esportivo[2]

Durante o desenvolvimento esportivo, há alguns fatores que podem interferir no percurso: os fatores positivos dizem respeito a "unir pensamentos, trabalhar pensamentos negativos e

---

[2] Esta seção está fundamentada nas obras de Rubio (2000) e Heider (1970).

metas que ajudem no trabalho como descanso e cumprir regras", enquanto fatores negativos se referem a "citações de bagunça, descumprimento das regras, brigas, muito tempo concentrado e desunião" (Kocian; Kocian; Machado, 2005, p. 1).

Dessa forma, os fatores podem ser considerados positivos quando facilitam e negativos quando interrompem ou dificultam o processo. Esses fatores, também conhecidos como *variáveis*, fazem parte da concepção psicológica humana e estão relacionados à subjetividade do indivíduo, de forma que ele passa a ter sentimentos e pensamentos referentes a situações ou eventos que podem estar relacionados a sua vida pessoal ou profissional (Filho, 1983).

Vários são os fatores que interferem no processo de desenvolvimento psíquico dos atletas. No entanto, aqui abordaremos apenas os principais, visto que são os mais comuns de se enquadrarem no âmbito esportivo e de acometer o desempenho atlético. Além de o profissional de educação física ter de saber como abordar essas condições, deve também compreender as diversas situações e a relação que os acontecimentos e eventos podem gerar na concepção psicológica do atleta.

Um dos principais fatores é a **ansiedade,** que provoca certa ânsia em relação a realizar ou finalizar uma ação ou, até mesmo, concretizar algo. Nesse sentido, estimula sentimentos como afetividade e excitação durante a espera para que algo aconteça ou se materialize. Esse conjunto de reações está sempre associado à emoção e ao comportamento do indivíduo, de forma que ele passa a agir mais ofegante, desesperado, inquieto, entre outras formas de excitação, durante seu cotidiano.

Devemos considerar também que o próprio ambiente do esporte é um local que produz esses sentimentos, visto a intensidade com que tudo acontece. Os processos emocionais passam, então, a acompanhar os atletas em suas trajetórias, exigindo cada vez mais empenho para melhorar sua *performance* e para chegar ao resultado pretendido. Dessa forma, os eventos que acontecem no esporte podem acompanhar, regular e, até mesmo, apoiar o desempenho esportivo. Por outro lado, esse processo pode perturbar as ações e, em casos mais graves ou avançados, impedi-las, fazendo com que a ansiedade aumente.

A ansiedade é uma condição em que a expressão despertada pelos efeitos da ação é exacerbada. Essas respostas, por sua vez, podem influenciar o nível de tensão do atleta e elevar ainda mais a ansiedade. É importante ressaltar que a conexão entre o atleta e os torcedores ou espectadores pode garantir uma sensação maior de segurança, fazendo com que este se mostre mais seguro e confiante em suas ações durante o esporte. No entanto, essa relação pode ser contrária, principalmente quando o *feedback* é negativo, fazendo com que o atleta exiba sentimentos de raiva e incompreensão sobre as ações e sentimentos demonstrados pelos espectadores ou torcedores.

Exemplificando

É comum na prática esportiva percebermos quando os torcedores não estão satisfeitos com a evolução de um time. Tomemos o exemplo do futebol, em que é comum que os times rebaixados no campeonato sofram com maior número de críticas com relação às ações tomadas pelo treinador e pelos próprios jogadores. Esse é um exemplo de um *feedback* negativo, em que o atleta pode se mostrar ainda mais ansioso com as partidas e insatisfeito com suas ações e a atitude da equipe como um todo.

Entre os sentimentos que podem estar relacionados à ansiedade estão o medo e a raiva, quando o atleta se apavora com a reação de seus torcedores, de forma que passa a temer perder sua função. O fracasso é outro sentimento comumente presente nesse contexto. Ele indica a ineficiência do atleta e as ações que o levaram a cometer erros, de modo a impedir o êxito na partida ou, até mesmo, ao longo das partidas de um campeonato.

Esses sentimentos indicam ameaça ao atleta, visto que esse esporte é também sua fonte de renda. Dessa forma, devem ser desenvolvidas estratégias para lidar com essas situações, visto que, no esporte, sempre há o time ganhador e o perdedor; mesmo que ambos apresentem características positivas e negativas, um tenderá a se destacar e ser o vencedor daquela partida ou, até mesmo, do campeonato. É importante ressaltar o caráter passageiro dessas condições, em que sempre é possível melhorar ou piorar as ações e, no conjunto, modificar os resultados finais de determinado time.

Assim, para controlar a incidência e a prevalência desses sentimentos, os profissionais responsáveis devem desenvolver meios de encorajar os atletas, de modo a oferecer o suporte necessário para que eles reduzam suas concepções negativas sobre si e sobre a equipe. Para isso, primeiramente, os motivos da ansiedade devem ser identificados e, após isso, a estratégia deve ser montada de forma a encorajar o atleta e oferecer a segurança de que ele necessita.

Curiosidade

Você sabia que os profissionais do esporte devem desenvolver diversas atividades para a redução da ansiedade dos atletas? A literatura aponta que o controle da ansiedade pode ter como intervenção-chave a mudança na maneira de pensar. É importante ressaltar que essa é uma medida importante para aqueles atletas que se mantêm ansiosos e não têm controle sobre suas ações. No entanto, há formas mais rotineiras de se tratar a ansiedade, como por meio de relaxamentos, redução do excesso de exercícios e descanso ou pausa dos treinos.

Considerando que o ambiente esportivo conta com a presença iminente da competição, os profissionais devem tomar o cuidado para que ela não seja superdimensionada, ocasionando altas cargas emocionais aos jogadores, o que favorece o desenvolvimento da ansiedade.

É importante considerar também que o nível de ansiedade se apresenta de forma diferente para cada tipo de esporte. Nesse sentido, é necessário controlá-la para que não ultrapasse as linhas tênues, de modo que favoreça as ações dos atletas. A literatura aponta que, quando o nível de ansiedade é baixo, deve-se indicar atividades mais complexas como forma de estímulo, enquanto as atividades mais simples são indicadas para os atletas com alto nível de ansiedade.

Assim, os profissionais do esporte devem estar atentos à relação esporte e ansiedade para que esta não atrapalhe os resultados do atleta com relação a seu desempenho esportivo. Essas condições podem ser mais evidentes em esportes coletivos, em que se deve controlar o time como um todo e, ao mesmo tempo, estar atento às características individuais, fornecendo esse apoio quando necessário.

Dessa forma, a ansiedade se apresenta como uma resposta emocional a situações enfrentadas no esporte, que podem ser agradáveis, frustrantes, ameaçadoras ou, até mesmo, entristecedoras. Nesse contexto, é importante estar atento às respostas somáticas e fisiológicas provenientes de processos psicológicos, que podem levar o atleta a adoecer, ter sua imunidade reduzida, entre outros aspectos. A ansiedade também pode aparecer em um contexto sem perigo, em que não há o receio de reações adversas da torcida, apresentando-se, muitas vezes, de forma inconsciente.

Isso ocorre porque a manifestação da ansiedade pode ocasionar descargas automáticas de substâncias que promovem o metabolismo, fazendo com que a respiração, a sudorese e os batimentos cardíacos sofram alterações importantes. Com isso, surge o sentimento de apreensão, que ajuda a aumentar os níveis de tensão e medo do atleta. A literatura define dois tipos de ansiedade: a ansiedade traço e a ansiedade estado.

A **ansiedade traço** está relacionada a uma característica relativa ao próprio indivíduo, constituindo-se um traço de sua personalidade. Isso significa que, em qualquer lugar que ele esteja, dependendo das circunstâncias, poderá desenvolver reações de ansiedade e se apresentar com os sintomas aqui citados. Já a **ansiedade estado** tem a ver com o conjunto de acontecimentos que levam a situações difíceis e que podem ser enfrentadas de formas diferentes pelo sujeito. É importante ressaltar que esse tipo de ansiedade é temporária, ao passo que a primeira é um traço que faz parte da personalidade do indivíduo.

Para saber mais

O estudo dos processos psicológicos no âmbito esportivo é imprescindível para que os profissionais possam desenvolver estratégias de redução da ansiedade e otimizar o desempenho dos atletas no esporte. Para saber mais sobre o manejo dos atletas no controle da ansiedade, leia, na íntegra, o artigo indicado a seguir. Observe que o manejo é indicado para os profissionais e que nem sempre a ansiedade é observada com um ponto negativo.

QUADROS JUNIOR, A. C. de; VINCENTIM, J.; CRESPILHO, D. Relações entre ansiedade e psicologia do esporte. **Revista Digital**, Buenos Aires, v. 11, n. 98, jul. 2006. Disponível em: <https://www.efdeportes.com/efd98/ansied.htm#:~:text=Para%20o%20controle%20da%20ansiedade,e%20t%C3%A9cnico%20de%20seus%20atletas>. Acesso em: 21 jul. 2022.

Outra fator que interfere no processo de desenvolvimento psíquico dos atletas é a motivação. Por meio dela, o atleta desenvolve forças para dar início às suas atividades e continuidade a suas ações no esporte. Ela também promove a participação e a demonstração de satisfação com as próprias atitudes e as atitudes dos que estão ao redor. O comportamento de motivação está diretamente ligado às características positivas e à perseverança do atleta em relação às expectativas.

Pode-se citar diversas causas para a ativação da motivação pessoal. Ela pode ser movida pelos projetos de vida ou pelos resultados diários no esporte, como a finalização de um treino ou mesmo a melhora de uma das capacidades físicas. Assim, a motivação pode estar ligada a fatores intrínsecos ou extrínsecos, sendo que cada indivíduo agirá de forma diferente em relação a ela, dependendo da fase da vida em que se encontre e de seu contexto sociocultural.

A motivação é única em cada ser, considerando-se que ela está diretamente relacionada à forma com que o sujeito percebe o mundo; logo, ela também está relacionada à personalidade individual e às experiências do indivíduo ao longo de sua vida. Os incentivos são tomados como iniciativas para a motivação e podem ser ofertados pelo ambiente ou pelas relações interpessoais. Assim, o comportamento do sujeito é diretamente influenciado pela motivação e pelas relações interpessoais que ele desenvolve ao longo de sua vida.

É importante ressaltar que a predominância da motivação intrínseca ou extrínseca depende da relação do indivíduo com o ambiente e de sua personalidade, isto é, se ele é mais ou menos receptivo aos estímulos. Logo, a motivação intrínseca é aquela que vem do próprio ser, que está ligada ao objeto de aprendizagem e não depende de objetos externos, ao passo que a motivação extrínseca está relacionada a fatores externos e não está diretamente atrelada ao interesse próprio.

Exemplificando

A motivação intrínseca pode ser considerada um fator da personalidade, referindo-se à capacidade do indivíduo de se renovar e se manter envolvido com os objetivos e as metas a serem alcançadas. Já a motivação extrínseca está mais relacionada às reações do ambiente ou à valoração das ações, como o salário, o prestígio e o pódio.

A determinação e a vontade de aprender podem estar ligadas à motivação, condicionando-a de acordo com a percepção de mundo do indivíduo. Nesses casos, sentimentos agressivos, competitivos, desejo pelo poder, rendimento, entre outros fatores, podem afetar o desempenho do atleta. É necessário, assim, ter em mente os motivos para o aparecimento desses sentimentos a fim de se compreender determinadas situações.

De acordo com a literatura, a motivação é um processo que consiste em três fases: (1) a deflagração do comportamento; (2) a orientação geral da atividade; e (3) a pressuposição dos propósitos e dos fins que devem ser atingidos. Essas condições estão relacionadas aos aspectos biológicos, sociais e à experiência pessoal. Nesse sentido, os processos que levam à motivação interagem com o meio e com o indivíduo de forma a incentivá-lo a agir de determinada maneira para alcançar certos objetivos.

A participação na atividade física, por exemplo, mostra que a pessoa pode se manter fisicamente ativa para garantir a saúde e o bem-estar. Por outro lado, há também os benefícios que podem ser observados física e fisiologicamente, como redução/prevenção de doenças cardiovasculares, risco de doenças coronárias, hipertensão, obesidade, entre outros. Dessa forma, os benefícios psicológicos acompanham essa linha de raciocínio, evidenciando seus efeitos positivos na redução da ansiedade, na intensificação do bem-estar e no aumento dos pensamentos e sentimentos positivos.

No âmbito da educação física, o estudo sobre os comportamentos motivacionais estão relacionados também à prática educativa para o desenvolvimento pessoal e social do indivíduo. Portanto, o objetivo geral é a formação da personalidade por meio da atividade física, trabalhando também o corpo em movimento e os processos cognitivos que envolvem o aluno.

O profissional de educação física deve estar atento aos estilos, aos motivos e às habilidades que levam os alunos às práticas desportivas, além de saber as maneiras devidas de incentivar os discentes e melhorar os aspectos positivos na busca pela melhor condição física e pelo melhor desempenho no esporte. É comum que na disciplina de Educação Física escolar os objetivos estejam voltados para a promoção e a motivação da prática de esportes, sendo que o propósito é o incentivo da prática ao longo da vida.

Ainda na Educação Física escolar, o aluno pode se deparar com fatores desmotivadores, pela falta de interesse do profissional responsável ou por outros motivos pessoais que o impedem de ter a necessidade de se exercitar. Assim, o professor deve compreender os aspectos emocionais relacionados aos alunos e estudar maneiras de motivá-los para a prática esportiva. É importante ressaltar que um planejamento adequado pode promover o melhor desempenho dos estudantes, assim como incentivá-los a encontrar o esporte preferido e as práticas corporais a que mais se adequam.

6.3.1 Modelos das atribuições

Embora as ações e os eventos que ocorrem no mundo não sejam sempre controláveis ou previsíveis, o ser humano tem a necessidade de pensar que exerce o controle sobre eles, como uma forma de ter certa segurança. Assim, de acordo com Heider (1958), o homem sente a necessidade de ter conhecimento sobre tudo o que acontece no mundo. De certa forma, o suposto controle dos eventos traz também a ideia de estabilidade e equilíbrio, e essa segurança pode ser sentida tanto nas relações interpessoais quanto nas impessoais.

Há dois princípios que estão relacionados a essa atribuição: as forças ambientais, em que as causas impessoais ou externas estão sob controle; e as características das pessoas, em que a atribuição interna se torna importante para as causas pessoais em relação aos eventos. Para Jones e Nisbett (1972), a forma com que se estipula as atribuições depende do tipo de sujeito, se é observador ou ator. Os observadores são aqueles que indicam a disposição e a característica dos atores e são responsáveis pelo acontecimento do fato. Já os atores são os que enfatizam os fatores externos como causas para os eventos.

Dessa forma, a atribuição da causalidade acontece por meio da designação dos fatores que ocasionam o evento, independentemente da forma com que o sujeito se posiciona ao observar essa causalidade. Essa atribuição pode ser encarada como uma forma de controle emocional e das condições psíquicas envolvidas no evento, podendo ser positiva ou negativa, dependendo da naturalidade da situação (Coleta, 1982).

Exercício resolvido

O rendimento esportivo pode ser influenciado por diversos fatores, entre eles os aspectos psicológicos. Com relação a estes e as suas influências no rendimento esportivo, analise as afirmações a seguir e assinale V para as verdadeiras e F para as falsas.

( ) A ansiedade é considerada sempre um fator negativo, visto que sua presença incentiva a queda do rendimento esportivo.

( ) A motivação é um fator imprescindível para o aprimoramento do desempenho esportivo, sendo que o profissional deve sempre prezar por ela.

( ) O fracasso indica a falta de eficiência para o atleta, que pode resultar na desmotivação, em pensamentos negativos e na desistência do esporte se não combatido.

Agora, assinale a alternativa que apresenta a sequência correta:

f) V, V, F.
g) F, F, V.
h) F, V, V.
i) V, F, V.
j) F, F, F.

Gabarito: C

Feedback **do exercício**: A ansiedade nem sempre pode ser vista como um fator negativo, visto que também é fruto da atividade do atleta; assim, ela pode ser controlada a um nível adequado para atender às necessidades dele. A motivação é fato-chave para o desempenho esportivo, sendo que o profissional deve ter condutas adequadas para promovê-la. O fracasso pode desmotivar o atleta e fazê-lo até desistir ou se afastar do esporte. Esse fator pode interferir tanto nas condições psicológicas quanto nas condições físicas do indivíduo.

6.4 Psicologia do esporte[3]

O treinamento psicológico é uma medida tomada pelo profissional de educação física de forma que seja possível fornecer subsídios emocionais e psíquicos para que o atleta tenha melhores condições de se desenvolver e melhorar sua *performance* no esporte. influenciará diretamente na vida pessoal deste. Nesse sentido, todos os fatores psicológicos que envolvem a concepção do atleta

---

[3] Esta seção está fundamentada na obra de Becker Junior e Samulski (1998).

podem ser trabalhados no treinamento psicológico, porém com foco no esporte. É importante ressaltar que, quando necessário, isto é, quando os fatores pessoais envolvidos na dificuldade de desempenho no esporte forem muitos, o atleta deverá ser encaminhado a um especialista para tratamento.

Assim, a preparação psicológica do atleta acontece por meio de medidas e métodos que caracterizem as influências exercidas sobre suas condições psíquicas. A função da preparação é assegurar a estabilidade do atleta, de forma que os problemas psicológicos não influenciem as condições físicas nos momentos do esporte. Para isso, podem ser considerados fatores como motivação, escala de valores, tanto pessoal quanto social, e meio ambiente.

O treinamento aplica técnicas e um programa específico para que o atleta possa aprender a lidar com suas condições psíquicas e manter o equilíbrio adquirido, aperfeiçoando cada vez mais o eixo psicofísico. Nesse sentido, podem ser propostas diversas estratégias, a fim de equilibrar as condições psíquicas do atleta em seu esporte. Os componentes devem ser tratados de acordo com sua importância e a percepção do treinador, a fim de alcançar o maior ponto de equilíbrio emocional, *performance* e rendimento no esporte. A seguir, listamos os componentes que podem ser trabalhados para melhorar o rendimento do atleta:

- **Autorregulação da atividade física**: O atleta passa a reconhecer seus limites, de forma a trabalhar sempre dentro destes, evitando a fadiga e o treino exaustivo.
- **Habilidade**: O técnico pode trabalhar o aprimoramento e a manutenção das habilidades do atleta, de forma a sempre melhorar a *performance* deste.
- **Influência tática**: As técnicas voltadas para o aprimoramento da tática do atleta melhoram o entendimento, o aprendizado e a execução das posturas e das ações do esporte de forma individual e em equipe.

- **Autoimagem**: É importante que o atleta tenha sua autoestima trabalhada, melhorando, assim, sua percepção sobre si mesmo.
- **Motivação**: As técnicas de motivação se destinam ao aprimoramento do desempenho na prática. O comportamento do indivíduo é influenciado pela frequência, pela persistência e pela eficiência no esporte.
- **Recuperação e reabilitação**: O atleta deve ter ao seu dispor técnicas de recuperação e reabilitação como forma de se recuperar dos esforços durante a atividade e quando há o risco de lesão e a necessidade de descanso, a fim de melhorar os níveis energéticos.

Assim, a preparação psicológica para o esporte deve atingir os componentes relacionados ao rendimento e aos aspectos psicofísicos do indivíduo, melhorando características da personalidade, a atitude diante do treinamento e das competições, a disposição e a sintonia com o ambiente. Essa preparação visa ainda compreender o comportamento e as condições psicológicas do indivíduo a fim de conhecer suas características e, assim, dimensionar as mudanças ocasionadas pelo desenvolvimento de suas técnicas.

6.4.1 Formas de treinamento psicológico

O treinamento visa superar capacidades e problemas ocasionados por questões psíquicas do atleta. Assim, o treino age aperfeiçoando e estabilizando as habilidades para que o atleta tenha maior flexibilidade com relação às suas condições de treinamento e à exposição ao estresse e à cobrança. O atleta deve ter autocontrole para que possa dar continuidade aos treinos, assim como utilizar suas competências para desempenhar sempre seu melhor papel no esporte. O autocontrole é peça-chave para a *performance* e o desenvolvimento do atleta, reduzindo os picos de agressividade e estresse e as condições negativas que possam atrapalhar seu desempenho físico. É importante ressaltar que esse equilíbrio também previne a ansiedade, a desmotivação e os sentimentos negativos, como a raiva e a depressão.

As técnicas visam, então, ao condicionamento das capacidades cognitivas e ao aprimoramento da percepção do atleta sobre si mesmo e sobre as reais condições ambientais. Tudo isso influenciará na transformação da percepção, do pensamento, da imaginação e da memória do sujeito. Logo, ele se beneficia nos treinos, otimizando os movimentos motores que estão diretamente relacionados aos processos cognitivos. A literatura da área esclarece que os movimentos importantes são: fala interior, ativação, imaginação, motivação, confiança em si mesmo, objetividade e perseverança (Becker Junior; Samulski, 1998).

A seguir, abordaremos algumas das técnicas apontadas por Becker Junior e Samulski (1998) como práticas efetivas para o treinamento psicológico do atleta.

- **Técnicas somáticas**: Utilizam o relaxamento como forma de treinamento e melhora da *performance* dos atletas. O relaxamento, nesse sentido, é utilizado em conjunto com outras técnicas, que objetivam a redução do estado de ansiedade e da ativação excessiva, a facilitação do descanso e o controle da atenção. Essas técnicas podem estar associadas a mensagens do tipo somático-sugestivas, em que se sugere a retirada dos fatores negativos e o preenchimento com fatores positivos.
- **Técnica de respiração profunda de Lindermann**: Utiliza a respiração para relaxar o corpo e suas estruturas de uma forma geral. Sendo assim, também adota as técnicas do relaxamento citadas anteriormente. Seus princípios visam ao relaxamento do corpo e da mente por meio da respiração, do autocontrole e do autodomínio do corpo e da mente, ao reforço de autoafirmações, pensamentos,

imagens e processos de meditação positivos, à melhora das condições mentais de relaxamento, à saúde mental e à qualidade de vida.
- **Treinamento reflexo de tranquilidade**: Consiste em promover o relaxamento progressivo por meio do treinamento autógeno utilizando-se respiração terapêutica. Os exercícios são simples e rápidos, visto que se aplicam princípios básicos da respiração e do relaxamento. O objetivo dessa técnica é a modulação da ativação, a redução dos níveis de ansiedade e o aumento da autoconfiança.
- **Técnica de Becker**: Consiste na abordagem somático-sugestiva, em que o profissional trabalha a respiração intensa, modificando o nível de relaxamento e os estados de humor do atleta. Seus efeitos perpassam pela modulação da tensão psicofísica, pela modulação da ansiedade, pela melhora das condições cardiorrespiratórias, pelo manejo dos bloqueios psicológicos, pelo aprimoramento do desempenho psicomotor e pela economia energética psicofísica.
- **Técnica de Michaux**: Indicada para crianças com tensões ou que são agitadas. Ela é comumente aplicada às aulas de Educação Física e a treinamentos de preparação infantil. Baseia-se nos movimentos voluntários da criança de forma a promover redução da tensão psicofísica, redução da ansiedade somática, melhora dos parâmetros cardiorrespiratórios, ganho e economia de energia psicofísica e formação da imagem corporal.

Como é possível perceber, as técnicas voltadas ao controle das condições psíquicas dos atletas podem ser realizadas de formas diversas, de acordo com a disposição de tempo e espaço e do tipo de atletas com que se está lidando. É importante que o profissional tenha a capacidade de mensurar e perceber as necessidades do atleta nos diferentes momentos de sua carreira, assim como de planejar estratégias adequadas para seu manejo, promovendo sempre o aprimoramento de suas condições psicofísicas e da *performance* para o esporte.

Exercício resolvido

As técnicas voltadas para o treinamento psicológico do atleta são importantes para o aprimoramento do rendimento e da *performance* no esporte. Com relação à conceituação dessas técnicas, analise as afirmações a seguir e assinale V para as verdadeiras e F para as falsas.

( ) De maneira geral, as técnicas visam aprimorar as capacidades cognitivas e auxiliar na recuperação física e mental do atleta.

( ) A técnica somática se baseia em respirações profundas, fazendo com que o atleta adquira maior autocontrole, desenvolva pensamentos positivos e descanse.

( ) A técnica de Becker utiliza a sugestão associada à respiração intensa, levando o atleta a modificar seu nível de relaxamento e estado de humor.

Agora, assinale a alternativa que apresenta a sequência correta:

a) V, V, V.
b) F, F, V.
c) F, V, V.
d) V, F, V.
e) F, F, F.

Gabarito: D

***Feedback* do exercício**: As técnicas visam ao aprimoramento do rendimento e das condições psicofísicas em conjunto, bem como ao desenvolvimento no esporte. A técnica somática se baseia em relaxamento, mas não na respiração, sendo que a técnica de respiração profunda de Lindermann é que promove os benefícios citados, em razão do uso da respiração associada à sugestividade. A técnica somático-sugestiva propõe o uso da respiração com a sugestividade, de modo a intensificar o nível de relaxamento e o estado de humor do sujeito.

6.5 Fatores motivacionais e emocionais na prática de atividades físicas[4]

A emoção é um fator importante e que explicita a reação dos indivíduos diante das situações. Nesse sentido, a emoção e a motivação estão ligadas de forma direta à prática de atividades físicas, visto que a emoção atua como uma resposta à expectativa e à motivação do indivíduo quando este pratica determinados tipos de atividade física.

Nesta seção, trataremos de conceitos relativos à motivação e à emoção na prática da atividade física, assim como dos fatores relacionados ao tema, como: psicofisiologia da atividade física, alterações ou patologias do humor, alterações provenientes do excesso de esporte e/ou atividade física e desenvolvimento de habilidades motoras por meio da prática de atividades físicas.

6.5.1 Motivação e emoção na atividade física

A motivação consiste na direção e na intensidade com que o indivíduo busca um objetivo. Essa motivação pode estar atrelada tanto à necessidade de vencer para se sentir bem quanto para alcançar o prêmio, que pode ser o reconhecimento ou uma quantia em

---

[4] Esta seção está fundamentada na obra de Weinberd e Gould (2017).

dinheiro a ser recebida caso se alcance o primeiro lugar em um campeonato. Dessa forma, a motivação é um sentimento construído aos poucos pelo atleta ou praticante de atividade física. No caso do praticante de atividade física, a motivação é o resultado: a perda de gordura, a definição do corpo, entre outros objetivos. Percebe-se aqui a necessidade de se atingir o objetivo e, consequentemente, a motivação para a continuidade e a busca dessa meta.

A emoção consiste na forma com que o sujeito demonstra sua satisfação ou insatisfação diante de situações cotidianas. Nesse sentido, ela tem relação estreita com a expectativa, que, por sua vez, está associada à imaginação e à espera por aquilo que faz mais sentido para a pessoa. Assim, quem almeja melhorar sua forma física ou vencer uma partida toma esses objetivos como expectativas, e, caso os atinja, tende a apresentar a emoção positiva (sentimento de conquista).

Porém, essa emoção pode se tornar negativa quando as expectativas não são alcançadas. Nesse contexto, é possível perceber que os sentimentos de frustração e decepção por não ter conseguido alcançar determinada meta passam a se sobressair no indivíduo. É importante ressaltar que essas emoções podem ou não ser externalizadas, embora, de acordo com o estudo da personalidade, seja possível compreender as reações de cada pessoa diante dessa situação.

Como é possível perceber, é importante o profissional de educação física saber abordar e avaliar os padrões comportamentais dos indivíduos nessas situações. Para isso, é possível estabelecer meios adequados que não infrinjam, subestimem ou superestimem os sujeitos em sua prática de atividade física, superando sempre suas expectativas no contexto da atividade física. Essas ações contribuem para o aparecimento de emoções positivas, assim como para a satisfação geral na prática do esporte e/ou da atividade física, cultivando um ambiente harmônico e resolutivo para clientes, alunos ou atletas.

6.5.2 Atividade física como tratamento de psicopatologias do humor

Em diversas condições, a atividade física pode ser utilizada como forma de minimizar ou melhorar as condições dos indivíduos, que não necessariamente devem ser considerados doentes. Já em outros casos, como nos distúrbios do humor, normalmente são necessárias atividades que promovam a redução dos sentimentos negativos, como estresse e depressão. Assim, a atividade física pode ser utilizada para auxiliar no controle das alterações de humor, já que ela produz efeitos positivos no sistema fisiológico e, consequentemente, no sistema nervoso.

Em muitos casos, é possível perceber que as características de humor podem estar ligadas de forma direta ao treinamento, sendo sua constância importante para a manutenção das habilidades adquiridas. Na maioria dos casos, o exercício é capaz de reduzir as características da depressão e do estresse, a indisposição física e a ansiedade. Sobre essas condições, a literatura aponta que o exercício atua no sistema fisiológico dos indivíduos reduzindo a quantidade de substâncias inflamatórias e aumentando as pró-inflamatórias, que atuam trazendo benefícios ao corpo e, consequentemente, à dimensão psicológica.

A ativação consiste em uma combinação de atividades fisiológicas e psicobiológicas do sistema, a qual está associada à motivação do indivíduo em praticar determinada atividade física. A quantidade ou intensidade dessa ativação provoca um conjunto de alterações, variando a condição de excitação do sujeito. Assim, pouca ativação classificaria o sujeito em *comatoso*, ou seja, que leva a situações de coma pela redução excessiva das atividades fisiológicas. Já quem tem excesso de ativação é considerado *frenético*, visto que apresenta sinais de excesso de excitação e animação. É importante ressaltar que o nível de excitação pode também levar a sentimentos negativos; por exemplo, quando se recebe uma notícia ruim sobre algum parente ou quando se perde um ente querido.

A ansiedade está relacionada a uma característica negativa do sistema, como o excesso de nervosismo, de preocupação e de apreensão. Quando ansiosa, a pessoa normalmente se encontra excitada, em excesso de ativação, estado considerado negativo nesse contexto. É importante ressaltar que o estado de ansiedade de um atleta nem sempre afeta negativamente o resultado que este produz quando participa de uma partida. Assim, em alguns casos, o nível de ansiedade é considerado comum e necessário para manter a excitação antes e durante alguma situação.

A ansiedade pode ser considerada uma condição cognitiva em que o indivíduo se divide o tempo todo pensando em algo. Na ansiedade somática, a tendência é apresentar um maior grau de ativação física.

O estresse é considerado um desequilíbrio emocional entre a demanda e a capacidade de resposta. Nesse contexto, entendemos que há uma falha no suprimento das demandas e consequências diretas e indiretas relacionadas a essa condição. Nesse sentido, pode afetar as condições físicas e psicológicas, em que o indivíduo recebe uma carga maior que aquela que pode suportar. O estresse é provocado por processos constantes e contínuos, e em algum momento o sujeito passa a sofrer com essas condições.

O estresse e a ansiedade podem ser decorrentes de situações que acontecem na vida pessoal de cada pessoa, como: mudança de emprego, morte de familiar, aborrecimentos no dia a dia, entre outras condições – circunstâncias que afetam de forma integral as esferas física e psicológica. Questões como incerteza sobre o futuro, redução da autoestima ou traços de ansiedade podem levar o indivíduo a experimentar consequências negativas em seu humor e em suas relações pessoais.

O exercício físico regular é apontado pela literatura como uma forma de reduzir os níveis de alterações humorais. Apesar da subjetividade dos estudos realizados até o momento, eles demonstram uma relação entre exercício e bem-estar físico e psicológico no geral, o que auxilia no tratamento da ansiedade e da depressão, consideradas as principais vilãs do século atual. Essas condições levam os indivíduos à busca de serviços médicos e hospitalares, além de ocasionar o aumento de doenças crônicas, e o exercício físico tem sido indicado para a redução desses males.

A literatura também indica que os estudos não comprovam fisiologicamente, com base em uma análise de intervenção, a real ação do exercício no corpo humano. No entanto, grande parte das pesquisas busca compreender a relação entre o exercício e a melhora do estado de humor, observando-a como uma relação positiva. Os efeitos do exercício podem ser observados tanto de forma aguda quanto crônica, sendo os agudos decorrentes de apenas uma sessão e caracterizados como momentâneos. Já os efeitos crônicos indicam uma melhora na qualidade de vida e no bem-estar, em que é possível mudar os sintomas de ansiedade e depressão.

Com relação aos tipos de exercícios físicos, inicialmente os aeróbios costumavam ser indicados pelos efeitos no bem-estar psicológico. No entanto, mais tarde, algumas pesquisas evidenciaram que nem a intensidade nem o tipo de exercício fazem diferença com relação ao bem-estar psicológico. Nesse sentido, percebe-se que há a questão da preferência pelo tipo de exercício, indicando que o indivíduo pode ter maiores efeitos quando o exercício contribui para sua satisfação e, consequentemente, garante o bem-estar psicológico.

6.5.3 Desenvolvimento de habilidades motoras por meio do treinamento mental

Como mencionamos, o treinamento de habilidades físicas está intimamente relacionado ao desempenho, assim como o treinamento na academia está ligado ao resultado a ser obtido. Nesse sentido, devemos lembrar que o ser humano não é constituído unicamente pela parte física, necessitando também de apoio psicológico no que se refere às atividades desempenhadas. Nesse contexto, é importante perceber que somente os treinos físicos não são tão resolutivos no desempenho de atletas e nos resultados de indivíduos normais.

A literatura aponta que o treinamento psicológico, voltado para o ganho de habilidades psicológicas, garante a melhora dos componentes psicológicos envolvidos na prática do esporte e/ou da atividade física. Dessa forma, no âmbito esportivo, pode-se dizer que um atleta desequilibrado emocionalmente não desempenhará um bom papel na partida, e daí surgem os treinamentos com apoio psicológico, de forma a melhorar o desempenho e o ganho de habilidades físicas.

O treinamento de habilidades psicológicas, como já visto, consiste na prática de habilidades mentais para melhorar o desempenho e o prazer e trabalhar a questão da satisfação na prática da atividade física ou esportiva. Para o estabelecimento desses tratamentos, foram desenvolvidas diversas técnicas ao longo do tempo, como modificação do comportamento, teoria e terapias cognitivas relacionadas à prática esportiva ou de atividade física etc.

Assim, os técnicos e treinadores passaram a utilizar o treinamento mental para melhorar o desempenho das habilidades físicas. As atividades envolvem manter o foco e a concentração, regulação dos níveis de ativação, aumento da confiança e manutenção da motivação. Cada uma dessas habilidades está atrelada a uma vertente da prática de atividade física e/ou esportiva, de forma que a união delas com a prática física promove o desempenho e garante o resultado, considerando-se também a saúde mental e a satisfação da pessoa pelo lugar que ocupa na sociedade e pela atividade física que desempenha.

O treinamento das habilidades psicológicas ou mentais é indicado para a manutenção da resistência mental, auxiliando os atletas e praticantes de atividade física para que se mantenham firmes, mesmo em situações estressantes – por exemplo, diminuindo a ativação quando necessário. Essas habilidades são facilmente treinadas quando inseridas no programa de atividade.

Pensemos, por exemplo, em um atleta que desenvolveu medo ou insegurança para realizar determinado passe. Durante o treino físico, ele realiza a tarefa com excelência, mas, quando chega em campo, o estresse e o excesso de ativação fazer com que haja um bloqueio e ele não consiga realizar o passe necessário com a mesma excelência que realizou durante os treinos. É evidente que, nesse caso, o atleta precisa exercer melhor o controle sobre sua condição mental durante a partida. Dessa forma, o treinador deve desenvolver as habilidades emocionais do jogador para que este desenvolva esse bloqueio durante a partida. Esses treinamentos visarão ao desenvolvimento da capacidade de controle da ativação e à redução da ansiedade e do medo durante as partidas, de modo a estimular a autossegurança e a autoconfiança do jogador.

Diversos são os fatores que interferem na prática e na implementação das atividades psicológicas e mentais associadas à prática esportiva ou de atividades físicas, como falta de conhecimento de sua efetividade, falta de tempo, subestimação de sua efetividade e equívocos e preconceitos referentes a abordagens psicológicas. São perceptíveis também os efeitos negativos da falta de relação entre as dimensões física e psicológica, que afetam negativamente os indivíduos, reduzindo, muitas vezes, suas capacidades físicas. Nesse contexto, podemos compreender a necessidade e a importância de o profissional de educação física, em sua prática, dar importância para a dimensão psicológica, justificando seu estudo contínuo para oferecer o melhor em suas ações e condutas profissionais.

6.5.4 Psicofisiologia benéfica da atividade física

O bem-estar psicológico é um dos objetivos da prática de exercícios físicos. Há na literatura apontamentos de que os exercícios produzem efeitos benéficos para seus praticantes, tanto na dimensão física quanto na psicológica. Os exercícios apresentam grande autoeficácia, pois aumentam a motivação e melhoram a intenção de se exercitar cada vez mais. Essas alterações também estão associadas à redução dos níveis de depressão e de ansiedade. A atividade física também proporciona outras condições físicas relacionadas às dimensões psicológicas, como melhora da aparência e da autoestima, entre outros sentimentos positivos provenientes dos resultados alcançados Observe na Figura 6.1 os benefícios oriundos da prática de exercício físico regular.

Figura 6.1 Benefícios psicológicos do exercício

O exercício aumenta...	O exercício diminui...
Desempenho acadêmico	Absenteísmo no trabalho
Postividade	Abuso de álcool
Confiança	Raiva
Estabilidade emocional	Ansiedade
Funcionamento intelectual	Confusão
Lócus de controle interno	Depressão
Memória	Cefaleias
Percepção	Hostilidade
Imagem corporal positiva	Fobias
Autocontrole	Comportamento psicótico
Satisfação sexual	Tensão
Bem-estar	Comportamento tipo A
Eficiência no trabalho	Erros no trabalho

Fonte: Weinberg; Gould, 2017, p. 381.

Os benefícios dos exercícios podem ser explicados tanto em termos psicológicos quanto fisiológicos. Nesse sentido, os exercícios se apresentam como principais autores da melhora do bem-estar físico e psicológico das pessoas. Com relação ao campo fisiológico, podemos entender que o aumento do fluxo sanguíneo no cérebro pode melhorar a circulação local e a nutrição em geral, prevenindo as desordens relacionadas à falta de nutrição adequada. A mudança que ocorre nos neurotransmissores também promove a melhora do bem-estar, visto que é estimulada a produção de substâncias como norepinefrina, endorfina e serotonina.

A alteração no consumo de oxigênio também promove maior liberação desse elemento para os tecidos cerebrais, produzindo efeitos semelhantes ao da nutrição. A redução da tensão muscular diminui o nível de desconforto e as desordens do humor referentes a essa condição, algo positivo tanto para o sistema físico quanto para o psicológico. As alterações nas ligações entre neurônios cerebrais são estimuladas pelos exercícios, provocando alterações estruturais que produzem efeito positivo no raciocínio e no processo cognitivo. Também há o aumento de concentração de receptores endocanabinoides, o que reduz níveis de dor e também melhora a sensação de bem-estar.

Com relação aos benefícios psicológicos, podemos citar que a prática de exercícios físicos estimula o aumento da sensação de controle, o que leva o indivíduo a ter maior autocontrole sobre suas condições físicas e psicológicas. Além disso, estimula o sentimento de competência e autoeficácia, visto que os praticantes de exercícios físicos se sentem capazes de realizar as atividades propostas e finalizá-las.

As interações sociais também podem ser beneficiadas pela prática do exercício físico, em virtude dos locais onde se pratica a atividade e do surgimento de senso comum e de relações sociais entre os praticantes. Há ainda, como visto, a melhora do autoconceito e da autoestima. Por fim, trata-se de algo que proporciona diversão, em razão de sua dinamicidade, o que estimula o prazer.

6.5.5 Síndrome de *Burnout* e *overtraining*

O excesso de motivação e a gana por resultados cada vez melhores podem levar o indivíduo ao extremo, de modo que as pessoas passam a exagerar na prática de atividades físicas, buscando resultados inatingíveis. Para compreender os mecanismos de excesso, é necessário lembrar que o corpo humano tem limites, os quais são individuais. Essa é uma grande dificuldade na realização de pesquisas científicas na área, visto que os indivíduos apresentam grande variabilidade, a qual determina, por exemplo, um padrão muscular maior ou uma maior tendência a se obter massa magra em determinada pessoa e uma facilidade de obter massa gorda em outra.

Após compreendermos esse contexto, devemos partir para a ideia de que os motivados, aqueles que se mantêm empenhados em alcançar determinados objetivos, estão o tempo todo buscando formas de se manter praticando a atividade física, o que pode levá-los a ultrapassar seus limites. Sabe-se que o corpo humano trabalha bem quando há equilíbrio entre trabalho físico e descanso. Quando não há esse equilíbrio, o indivíduo passa a correr o risco de sofrer lesões ortopédicas.

Isso significa que indivíduos que possuem traços mais favoráveis ao excesso correm mais riscos físicos e psicológicos com a prática de atividades físicas. Um exemplo de atividade que pode estimular negativamente esse sujeito são os programas de condicionamento extremo, visto que neles há o incentivo para que ele se mantenha o mais ativo possível, de maneira que o descanso é prejudicado em virtude das altas doses de cargas e treinos. Assim, cabe ao profissional de educação física observar os padrões desse praticante, a fim de orientá-lo para a prática de atividades físicas saudáveis e sobre o tempo de repouso necessário para que corpo físico e a mente não sofram pelo excesso.

A **síndrome de *burnout*** provoca o cansaço extremo ou esgotamento do indivíduo. Esse excesso pode ocorrer tanto no âmbito esportivo quanto na prática de atividade física, e, com isso, há o esgotamento do sujeito. Não raro essa condição acontece na prática de atividades físicas comuns, quando o praticante sente os benefícios da atividade e passa a exagerar, buscando o aumento desse benefício e do bem-estar.

Nesse sentido, é importante que o profissional esteja atento aos níveis de atividade física praticados pelo aluno ou atleta. Além disso, as orientações para redução quando há excesso exigem um cuidado na abordagem, para que haja a aceitação e o cumprimento das novas orientações com relação à atividade física. O excesso e o esgotamento permanentes podem levar a diferentes efeitos, dependendo das condições de saúde do indivíduo, como surgimento de lesões físicas, depressão e alteração de humor.

O treinamento tem em seus princípios a adaptabilidade e a sobrecarga. Por isso, é necessário que o indivíduo aumente a carga de exercícios para que continue obtendo resultados. Esse ganho é positivo quando se trata de hipertrofia e aumento de resistência muscular. Nesse sentido, os princípios da educação física são amplamente aplicáveis e geralmente produzem resultados positivos. No entanto, quando há o excesso do aumento de carga do treino, a pessoa passa a correr o risco de lesões e ganhos negativos em sua saúde, produzindo o que chamamos de *overtraining*, ou excesso de treino.

É importante ressaltar outro princípio do treinamento, em que é preciso considerar a individualidade humana. Nesse princípio, considera-se que os níveis de treinamento são diferentes para cada indivíduo, dependendo de suas características físicas e biopsicossociais. Assim, não há uma maneira exata de desenvolver o treinamento de forma padronizada, visto que o que para uns seria o treino ideal, para outros pode ser considerado *overtraining*. Confira na Figura 6.2 a relação entre o princípio da sobrecarga, o treino excessivo e o treino exagerado.

Figura 6.2 **Processo de treinamento excessivo**

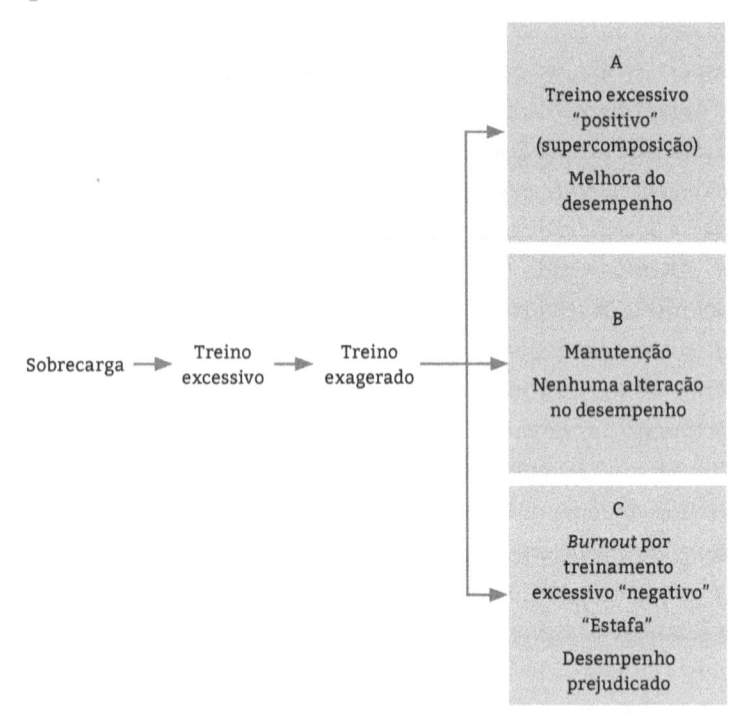

```
                                              ┌─────────────────────┐
                                              │          A          │
                                              │  Treino excessivo   │
                                          ┌──▶│     "positivo"      │
                                          │   │  (supercomposição)  │
                                          │   │     Melhora do      │
                                          │   │     desempenho      │
                                          │   └─────────────────────┘
                                          │   ┌─────────────────────┐
                                          │   │          B          │
                 Treino        Treino     │   │     Manutenção      │
Sobrecarga ──▶ excessivo ──▶ exagerado ──┼──▶│  Nenhuma alteração  │
                                          │   │    no desempenho    │
                                          │   └─────────────────────┘
                                          │   ┌─────────────────────┐
                                          │   │          C          │
                                          │   │    Burnout por      │
                                          │   │    treinamento      │
                                          └──▶│ excessivo "negativo"│
                                              │      "Estafa"       │
                                              │     Desempenho      │
                                              │     prejudicado     │
                                              └─────────────────────┘
```

Fonte: Weinberg; Gould, 2017, p. 470.

Diferenciando os dois processos, o *burnout* e o *overtraining*, é possível compreender que o excesso de treinamento ocasionado pelo *overtraning* leva ao desempenho satisfatório do indivíduo; por mais que ele se sinta cansado e exausto, há um avanço no treino, até que seja parado por uma circunstância maior. Já o *burnout* é algo imposto, obrigatório, em que o indivíduo desenvolve baixa motivação, há redução da vontade e da energia para a prática da atividade em si. Confira na Figura 6.3 os sinais de forma mais minuciosa, podendo ser feita a relação de diferença entre as duas condições que levam ao excesso de exercício e a efeitos maléficos ao organismo.

Figura 6.3 Sinais e sintomas do *overtraining* e do *burnout*

Treinamento excessivo	Burnout
▪ Desempenho insatisfatório	▪ Baixa motivação ou energia
▪ Apatia	▪ Problemas de concentração
▪ Letargia	▪ Perda do desejo de jogar
▪ Perturbação do sono	▪ Falta de preocupação
▪ Perda de peso	▪ Perturbação do sono
▪ Frequência cardíaca de repouso elevada	▪ Esgotamento físico e mental
▪ Dor ou sensibilidade muscular	▪ Autoestima diminuída
▪ Mudanças de humor	▪ Afeto negativo
▪ Pressão sanguínea de repouso elevada	▪ Mudanças de humor
	▪ Abuso de substâncias
▪ Problemas gastrointestinais	▪ Mudanças em valores e crenças
▪ Recuperação retardada após esforço	▪ Isolamento emocional
▪ Perda de apetite	▪ Ansiedade aumentada
▪ Lesões por uso excessivo	▪ Altos e baixos
▪ Deficiências do sistema imunológico	
▪ Perda de concentração	

Fonte: Weinberg; Gould, 2017, p. 479.

Síntese

- A psicologia do ser humano está associada a todas as relações que ele estabelece no mundo, ou seja, é influenciada pelos outros indivíduos, pelo ambiente, pelo próprio sujeito, entre outros. A psicologia social é responsável pelo estudo desse conjunto de relações que resulta na complexidade do ser humano.
- Durante o desenvolvimento humano, a percepção social é cada vez mais desenvolvida, fazendo com que o indivíduo perceba a si mesmo e ao mundo de uma forma mais detalhada e ampla. Nesse sentido, desenvolve-se cada vez mais o nível de consciência.
- São fatores importantes e que constroem as relações interpessoais e impessoais: a comunicação, a percepção social, as atitudes, a atividade, a consciência, a identidade, a inteligência, entre outros. Todos esses aspectos

- são responsáveis por algumas das funções do ser humano no mundo, assim como por suas inter-relações com os outros e com o ambiente.
- O rendimento esportivo depende do atleta em sua totalidade. Dessa forma, os fatores psicológicos poderão interferir muito nas condições psicofísicas. Entre esses fatores podemos citar a ansiedade, a motivação e as emoções.
- O modelo de atribuições explica bem a necessidade que o ser humano tem de atribuir valores e significados aos eventos e às pessoas. Esse o modelo procura explicar como as coisas acontecem, como forma de tranquilizar o homem e mantê-lo no controle de tudo.
- Os treinamentos psicológicos para o esporte são meios voltados para a estabilidade psicológica do atleta/aluno, que visam melhorar suas condições psicofísicas e, consequentemente, sua *performance* ou seu aprendizado.
- O treinamento psicológico se fundamenta em técnicas de relaxamento, respiração, descanso e na sugestividade. Essas ações são importantes para o atleta, tendo em vista a necessidade de descanso e recuperação. Para escolares, essas técnicas podem ser utilizadas como forma de reduzir a ansiedade e melhorar o desempenho escolar.
- As técnicas psicobiológicas devem ser consideradas tanto para o bom desempenho mental quanto para o físico. Essas técnicas são essenciais para o desenvolvimento de habilidades que dependem da dimensão psicológica, justificando, assim, a atenção dada a essa área tão importante na vida do ser humano.

Considerações finais

A relevância dos estudos sobre as dimensões psicológicas na educação física permite compreender as necessidades de o profissional da área encarar esses desafios e visualizar o aluno/cliente de uma forma completa. Assim, a visão do profissional sobre seu aluno/cliente deve abordar conceitos relacionados à psicologia, assim como utilizá-los para entender os processos psicológicos vigentes naquele contexto.

A análise das principais teorias e das relações entre os estudos da psicologia e da educação física permite compreender a imensidão que pode envolver os estudos do comportamento e do movimento humano. Nesse sentido, é importante que o profissional saiba relacioná-los e entender essas relações para os eventos observados no dia a dia.

O desenvolvimento do sistema cognitivo, assim como a formação das relações interpessoais, é inerente ao ser humano e deve ser compreendido como um processo em evolução, que age de forma dinâmica e diversificada. Tendo isso em vista, é necessário que os indivíduos se desenvolvam de formas diversas, considerando-se seus contextos e suas capacidades adquiridas.

Sendo assim, é importante que o profissional de saúde ou professor escolar tenha em mente as fases do desenvolvimento humano, assim como os meios para a abordagem dos indivíduos, visando melhorar suas capacidades psicomotoras e cognitivas.

Nesse sentido, este trabalho poderá auxiliar o profissional que trabalha com o desenvolvimento das capacidades físicas e psíquicas envolvidas nesse processo, favorecendo o desenvolvimentototal do sujeito.

Tendo em vista os conteúdos abordados nesta obra, é importante destacar a imensidão das dimensões psicológicas no âmbito da educação física e a variedade de estímulos que estão relacionados a elas. Percebe-se, assim, a importância da atuação do profissional da área, que poderá abordar esses aspectos considerando a significação deles para o indivíduo como cliente/aluno. Logo, é necessário que o profissional de educação física esteja atento e disposto a oferecer orientações e estratégias para melhorar as condições de ensino-aprendizagem, assim como possibilitar melhores condições e um melhor ambiente para o desenvolvimento satisfatório das capacidades psicofísicas do sujeito. Nesse sentido, a dimensão psicológica é de grande relevância no campo da educação física, visto que interfere diretamente nos aspectos físicos, normalmente abordados no campo da educação física.

Estudo de caso

O presente caso aborda uma situação em que o profissional de educação física deve promover uma atividade para o treinamento psicológico do atleta. Para a realização desse objetivo, é necessário compreender todas as concepções e os aspectos psicológicos para o treinamento desse atleta. O desafio é propor uma intervenção identificando os aspectos psicológicos e práticos da situação proposta.

Texto do caso

Fernando tem 38 anos, é atleta de vôlei profissional há 12 anos e está passando por uma situação difícil em sua família após a perda de seu pai. Ele ajuda com o suporte psicológico em casa e o restante do tempo se dedica ao trabalho e ao esporte. Paralelamente, Fernando tem sofrido com seu time, visto que este vem perdendo várias partidas seguidas. Essas perdas resultam na insatisfação dos torcedores, que promovem batucaria aos finais dos jogos. Ainda, no final dos últimos três jogos, o time teve de sair sob escolta da polícia, a fim de evitar o risco de lesões nos jogadores, pois os torcedores estavam muito revoltados.

Márcio, o treinador do time, percebeu que suas táticas não estavam dado certo e procurou pensar em métodos pra melhorar essa questão. Primeiramente, ele pensou em fazer uma análise aprofundada do vídeo dos últimos jogos para buscar compreender a situação física dos jogadores.

Após a análise, Márcio percebeu que havia muitas falhas de todo o time e que Fernando tem sido um dos atletas mais dispersos durante as partidas, o que sempre ocasiona repasses e recebidas inadequadas. Ao mesmo tempo, a falta da participação da torcida os deixa ainda mais ansiosos para os toques, fazendo com ora se antecipem, ora se atrasem demais, perdendo, assim, o controle do jogo.

Dessa maneira, Márcio decidiu conversar com cada jogador sobre suas expectativas individuais e também sobre a percepção deles com relação aos jogos e à atuação em equipe. Nessa análise, Márcio percebeu fatores como falta de motivação, ansiedade aumentada, dificuldade de concentração e, até mesmo, problemas na linha de raciocínio para o estabelecimento de um diálogo entre os componentes da equipe.

Quando chegou a vez da análise de Fernando, Márcio verificou a necessidade de descanso, em virtude de sua exaustão psicofísica e da incapacidade de lidar de forma equilibrada com todos os problemas que vem enfrentando.

Após os dados citados e percebidos por Márcio, e com base nos estudos sobre a dimensão psicológica no estudo da educação física, avalie a situação e proponha ações para minimizar esse conjunto de pontos negativos, visando melhorar a *performance* individual de cada atleta e da equipe, assim como a satisfação dos jogadores e torcedores.

Resolução

É possível perceber que Márcio precisa ter uma visão ampla e individualizada da equipe, como forma de observar os aspectos que podem estar influenciando esses resultados negativos. Outra coisa que podemos perceber é a necessidade de Fernando em se ausentar ou de descansar por mais tempo. Além disso, ele aparentemente precisa de medidas para melhorar as condições psicofísicas mencionadas. Outra importante ação que Márcio deve tomar é indicar que Fernando compareça a um psicólogo para tratar suas questões emocionais pessoais, visto que suas ações estão mais voltadas para o âmbito esportivo.

- **Intervenções individuais**: O treinador pode avaliar as condições individuais dos atletas e oferecer técnicas de treinamento psicológico para eles, além do relaxamento e do descanso necessários. Além disso, a redução da ansiedade é um dos fatores mais importantes de serem trabalhados com a equipe.
- **Intervenções grupais**: As intervenções visando à motivação e ao estímulo dos jogadores poderá oferecer maior confiança e segurança para as partidas. É importante que o treinador indique quais os erros que tem percebido e incentive os atletas a melhorar nesse sentido, progredindo, assim, com sua equipe.
- **Intervenções físicas**: As intervenções físicas podem treinar as habilidades dos jogadores, melhorando o tempo de resposta aos passes, assim como o controle da ansiedade sobre as jogadas que eles tiverem de realizar.
- **Intervenções psicológicas**: Quando perceber a necessidade, Márcio deve indicar os atletas a outros profissionais para tratar seus aspectos psicológicos, como é o caso de Fernando. No caso em questão, só foi citada sua situação em específico, mas pode ser que outros jogadores estejam passando por situações semelhantes.
- **Intervenções na torcida**: O treinador pode incentivar a torcida a vibrar mais com os passes certos, de forma a estimular os jogadores. Ele pode também, em suas entrevistas, pedir o apoio à equipe pelo momento que estão passando, tentando minimizar os aspectos negativos que tem observado.

Dica 1

O treinamento psicológico promove diversos benefícios, entre os quais a melhora da *performance* dos atletas. Nesse sentido, as condições psicofísicas podem ser melhoradas mediante treinamentos voltados para o relaxamento e a sugestividade. É importante ressaltar que esta última pode exercer um poder importante sobre o atleta, impregnando sua vida de aspectos positivos e novas visões sobre o mundo e sobre si próprio. Leia o artigo a seguir que trata do treinamento psicológico no nível desportivo em atletas corredores.

SOUZA, J. P. de. Treinamento psicológico desportivo em atletas corredores de revezamento: um relato de experiência. **Em Extensão**, Uberlândia, v. 17, n. 1, p. 174-190, jan./jun. 2018. Disponível em: <http://www.seer.ufu.br/index.php/revextensao/article/view/40826/pdf>. Acesso em: 20 jul. 2022.

Dica 2

O treinamento psicológico é uma das ferramentas mais importantes disponível para o profissional treinador ou psicólogo. Por meio dele, pode-se evitar diversas condições patológicas ou distúrbios relacionados ao esporte.

Assista a seguir a um vídeo da TV Unesp que trata do assunto. Perceba a forma como são abordados os aspectos psicológicos do atleta.

CIÊNCIA sem limites | Psicologia do treinamento esportivo. **TV Unesp**, 31 mar. 2015. 25 min. Disponível em: <https://www.youtube.com/watch?v=fcy6wD376Xg>. Acesso em: 20 jul. 2022.

Dica 3

O atleta se dedica e se esforça para atingir seu nível máximo no esporte. Nesse contexto, ele pode sofrer alguns distúrbios relacionados à falta de descanso, ao estresse físico e psicológico, além de outros aspectos externos que podem influenciar em sua *performance*. Dessa forma, é necessário que o profissional responsável esteja atento às necessidades dos atletas, como forma de oferecer subsídios para a manutenção de seu equilíbrio psicofísico.

Confira a seguir a importância desses treinamentos para o atleta e o papel do profissional nesse sentido.

GIOVIO, E. Como trabalha o psicólogo dos atletas? **El País**, 31 out. 2015. Esportes. Disponível em: <https://brasil.elpais.com/brasil/2015/10/28/deportes/1446019756_530508.html>. Acesso em: 20 jul. 2022.

Referências

ALEXANDRE, M. Breve descrição sobre processos grupais. **Comum**, Rio de Janeiro, v. 7, n. 19, p. 209- 219, ago./dez. 2002.

ALLEN, M. S., GREENLEES, I.; JONES, M. V. Personality in Sport: a ComprehensiveReview. **InternationalReviewof Sport and ExercisePsychology**, v. 6, n. 1, p.184-208, 2013.

ALMEIDA, G. L. Biomecânica e controle motor aplicado no estudo de disfunções motoras. **Motriz**, Rio Claro, v. 5, n. 2, p. 178-182, dez. 1999. Disponível em: <https://www.periodicos.rc.biblioteca.unesp.br/index.php/motriz/article/view/8734>. Acesso em: 21 jul. 2022.

AMADIO, A. C.; SERRÃO, J. C. A Biomecânica em educação física e esporte. **Revista Brasileira de Educação Física e Esporte**, São Paulo, v.25, número especial, p.15-24, dez. 2011. Disponível em: <https://www.scielo.br/j/rbefe/a/6LRgqXLHGhgyrFMsFG5Vydt/?format=pdf&lang=pt>. Acesso em: 21 jul. 2022.

ANDRADE NETO, A. et al.**Contribuições da educação física no desenvolvimento motor da criança na educação infantil**. Trabalho de Conclusão de Curso (Graduação em Educação Física) – Faculdades Integradas do Vale do Ivaí, Ivaiporã, 2018. (Disponível em: <https://docplayer.com.br/207691931-Contribuicoes-da-educacao-fisica-no-desenvolvimento-motor-da-crianca-na-educacao-infantil-resumo.html>. Acesso em: 21 jul. 2022.

ANTUNES, C. **Professor bonzinho = aluno difícil**: a questão da indisciplina em sala de aula. 7. ed. Petrópolis: Vozes, 2009.

ARAUJO, S. de F. Wilhelm Wundt e a fundação do primeiro centro internacional de formação de psicólogos. **Temas em Psicologia**, Ribeirão Preto, v. 17, n.1, p. 9-14, 2009. Disponível em: <http://pepsic.bvsalud.org/pdf/tp/v17n1/v17n1a02.pdf>. Acesso em: 21 jul. 2022.

ARAÚJO, D. Definição e história da psicologia do desporto. In: SERPA, S.; ARAÚJO, D. **Psicologia do desporto e do exercício**: compreensão e aplicações. Lisboa: FMH Edições, 2002. p. 9-51.

ÁVILA, L. A. Saúde mental: uma questão de vínculos. **Revista da SPAGESP**, Ribeirão Preto, v. 4, n. 4, p. 69-76, 2003. Disponível em: <http://pepsic.bvsalud.org/pdf/rspagesp/v4n4/v4n4a10.pdf>. Acesso em: 21 jul. 2022.

BARRETO, C. L. B. T.; MORATO, H. T. P. A dispersão do pensamento psicológico. **Boletim de Psicologia**, v. 58, n. 129, p. 147-160, 2008. Disponível em: <http://pepsic.bvsalud.org/pdf/bolpsi/v58n129/v58n129a03.pdf>. Acesso em: 21 jul. 2022.

BARROS, I. N.; IVES-FELIX, N. O. Psicologia da educação: contribuições para a educação física escolar.**InterEspaço –Revista de Geografia e Interdisciplinaridade**, Grajaú, v. 3, n. 11, p. 83-108, dez. 2017.

BECKER JUNIOR, B.; SAMULSKI, D.**Manual de treinamento psicológico para o esporte**. Novo Hamburgo: Feevale, 1998.

BEE, H. **A criança em desenvolvimento**. Tradução de Maria Adriana Veríssimo Veronese. 9. ed. Porto Alegre: Artmed, 2003.

BEE, H.; BOYD, D. **A criança em desenvolvimento**. Tradução de Cristina Monteiro.12. ed. Porto Alegre: Artmed, 2011.

BOCK, A. M. B.; FURTADO, O.; TEIXEIRA, M. L. T. **Psicologias**: uma introdução ao estudo de psicologia. 13. ed. São Paulo: Saraiva, 2001.

BOCK, A. M. B.; FURTADO, O.; TEIXEIRA, M. L. T. **Psicologia**. 2. ed. São Paulo: Saraiva Educação, 2019.

BRACHT, V. As ciências do esporte no Brasil: uma avaliação crítica. In: FERREIRA NETO, A.; GOELLNER, S. V; BRACHT, V. (Org.).**As ciências do esporte no Brasil**. Campinas: Autores Associados, 1995. p. 29-49.

BRASIL. Ministério da Educação. Secretaria de Educação Fundamental. **Parâmetros curriculares nacionais**:Educação Física. Brasília, 1997. Disponível em: <http://portal.mec.gov.br/seb/arquivos/pdf/livro07.pdf>. Acesso em: 22 jun. 2022.

CALDEIRA, A. M. S. A formação de professores de Educação Física: quais saberes e quais habilidades? **Revista Brasileira de Ciências do Esporte**, Campinas, v. 22, n. 3, p. 87-103, maio 2001. Disponível em: <http://revista.cbce.org.br/index.php/RBCE/article/view/578>. Acesso em: 12 set. 2022.

CAMPOS, D. M. de S. **Psicologia da aprendizagem**. 19. ed. Petrópolis: Vozes, 1986.

CAMPOS, I. M. **Id, ego e superego**: a estrutura e dinâmica da personalidade segundo Freud. 8 jun. 2009. Disponível em: <http://www.luzes.org/conteudo.php?ar=3&a=121&Cod=136&w=1366>. Acesso em: 22 jun. 2022.

CARRON, A. V.; HAUSENBLAS, H. A. **Group Dynamics in Sport**. 2. ed. Morgantown: Fitness Information Technology, 1998.

CARVALHO, M. V. P. **O desenvolvimento motor normal da criança de 0 à 1 ano**: orientações para pais e cuidadores. 72 f. Dissertação (Mestrado em Ciências da Saúde e Meio Ambiente) – Centro Universitário de Volta Redonda, Fundação Oswaldo Aranha, Volta Redonda, 2011.

CHIAVENATO, I. **Iniciação à teoria das organizações**. São Paulo: Manole, 2010.

CHIAVENATO, I. **Introdução à teoria geral da administração**: uma visão abrangente da moderna administração das organizações. 7. ed. Rio de Janeiro: Elsevier, 2003.

CHIAVENATO, I. **Introdução à teoria geral da administração**. 7. ed. Rio de Janeiro: Elsevier, 2004.

COLETA, J. A. D. **Atribuição de causalidade**: teoria e pesquisa. Rio de Janeiro: FGV, 1982.

COUTINHO, N. F.; SILVA, S. A. P. dos S. Conhecimento e aplicação de métodos de ensino para os jogos esportivos coletivos na formação profissional em Educação Física. **Movimento**, Porto Alegre, v. 15, n. 1, p. 117-144, jan./mar. 2009. Disponível em: <https://seer.ufrgs.br/Movimento/article/view/2086>. Acesso em: 12 set. 2022.

CUNHA, M. V. da. A psicologia na educação: dos paradigmas científicos às finalidades educacionais. **Revista da Faculdade de Educação (USP)**, São Paulo, v. 24, n. 2, jul./dez. 1998. Disponível em: <https://www.scielo.br/j/rfe/a/MyCRHWKnfNjxJDSxLFDgQRC/?lang=pt>. Acesso em: 22 jun. 2022.

CUTOLO, A. Escola, ensino aprendizagem e cidadania conjecturando com as teorias da aprendizagem. **Revista Farol**, Rolim de Moura, v. 4, n. 4, p. 72-79, jun.2017. Disponível em: <https://revista.farol.edu.br/index.php/farol/article/download/51/76>. Acesso em: 12 set. 2022.

DAMBRÓS, G.; TRINDADE, A.M. Algumas reflexões sobre educação especial. In: DAVID, C. de; CANCELIER, J. W. (Org.). **Reflexões e práticas na formação de educadores**. Rio de Janeiro: Eduerj, 2018. p. 83-100.

DAOLIO, J. **Educação Física e o conceito de cultura**: polêmicas do nosso tempo. Campinas: Autores Associados, 2004.

DEL PRETTE, A.; DEL PRETTE, Z. A. P. **Psicologia das relações interpessoais**: vivências para o trabalho em grupo. Petrópolis: Vozes, 2001.

DOS ANJOS, C. C.; OLIVEIRA, J. S.; SOUSA, P. M. T. Relação professor e aluno no processo educacional.In: COLÓQUIO ESTADUAL DE PESQUISA MULTIDISCIPLINAR, 3.; CONGRESSO NACIONAL DE PESQUISA MULTIDISCIPLINAR, 1., 2018, Mineiros. **Anais**.... Mineiros: CEPM, 2018. p. 1-6. Disponível em: <https://publicacoes.unifimes.edu.br/index.php/coloquio/article/view/526>. Acesso em: 12 set. 2022.

DUNCAN, S. C.; DUNCAN, T. E.; STRYCKER, L. A.Sources and Types of Social Support in Youth Physical Activity. **Health Psychology**, v. 24, n. 1, p. 3-10, Jan. 2005.

ENGUITA, M. F. **A face oculta da escola**: educação e trabalho no capitalismo.Tradução de Tomaz Tadeu da Silva. Porto Alegre: Artes Médicas, 1989.

ERIKSON, E. H. **Identidade, juventude e crise**. Rio de Janeiro: J. Zahar, 1976.

FALKENBACH, A. P. **A educação física na escola**: uma experiência como professor. Lajeado: Univates, 2002.

FEIJÓ, O. G. **Psicologia do esporte**: corpo e movimento.2. ed. Rio de Janeiro: Shape, 1998.

FERNANDES, P. A. **A importância do movimento na aprendizagem e no desenvolvimento da criança**. 55 f. Trabalho de Conclusão de Curso (Habilitação em Educação Infantil) –Pontifícia Universidade Católica de São Paulo, São Paulo, 2008. Disponível em: <https://tede2.pucsp.br/bitstream/handle/18686/2/Poliana%20Aguiar%20Fernandes.pdf>. Acesso em: 21 jul. 2022.

FLAVELL, J. H.; MILLER, P. H.; MILLER, S. A. **Desenvolvimento cognitivo**. 3. ed. Porto Alegre: Artmed, 1999.

FONTANA, D. **Psicologia para professores**. 2. ed. São Paulo: Loyola, 2002.

FREUD. Disponível em: <http://www.namu.com.br/saude-mental/freud/principais-obras>. Acesso em: 21 jul. 2022.

FREUD, S. Carta 52. In: FREUD, S. **Edição standard brasileira das obras psicológicas completas de Sigmund Freud**. Rio de Janeiro: Imago, 1990. v. 1. p. 317-324.

FRIEDMANN, A. **Brincar:** crescer e aprender – o resgate do jogo infantil. São Paulo: Moderna, 1996.

GADOTTI, M.; ROMÃO, J. E. (Org.). **Autonomia da escola:** princípios e propostas. 2. ed. São Paulo: Cortez, 1997.

GALATTI, L.R. et al. Pedagogia do esporte: procedimentos pedagógicos aplicados aos jogos esportivos coletivos. **Conexões**, Campinas, v.6, ed. especial, p.397-408, jul. 2008. Disponível em: <https://periodicos.sbu.unicamp.br/ojs/index.php/conexoes/article/view/8637843/5534>. Acesso em: 21 jul. 2022.

GALLAHUE, D. L.; OZMUN, J. C. **Compreendendo o desenvolvimento motor**: bebês, crianças, adolescentes e adultos. Tradução de Maria Aparecida da Silva Pereira Araújo, Juliana de Medeiros Ribeiro e Juliana Pinheiro Souza e Silva. 3. ed. São Paulo: Phorte, 2005.

GALLAHUE, D. L.; OZMUN, J. C.; GOODWAY, J. D. **Compreendendo o desenvolvimento motor**: bebês, crianças, adolescentes e adultos. Tradução de Denise Regina de Sales. 7. ed. Porto Alegre: AMGH, 2013.

GERSICK, C. J. G. **Time and Transition in Work Teams:** Toward a New Model of Group Development. **Academy of Management Journal**, v.31, n. 1, p.9-41, 1988.

GILL, D. L.; WILLIAMS, L. **Psychological Dynamics of Sport and Exercise**. 3. ed. Champaign: Human Kinetics, 2008.

GOODWIN, C. J. **História da psicologia moderna**. Tradução de Marta Rosas. 2. ed. São Paulo: Cultrix, 2005.

HEIDER, F. **Psicologia das Relações Interpessoais**. Tradução de Dante Moreira Leite. São Paulo: Pioneira; Edusp, 1970.

HEIDER, F. **The Psychology of Interpersonal Relations**. New York: John Wiley & Sons, 1958.

HENNEMAN, R. H. **O que é psicologia**. Tradução de José Fernando Bittencourt Lomonaco. 22. ed. Rio de Janeiro: José Olympio, 2002.

HOLLANDER, E. P.; WILLIS, R. H. Some CurrentIssues in thePsychologyofConformity and Nonconformity. **PsychologicalBulletin**, v. 68, n. 1, p. 62-76, 1967.

IAOCHITE, R. T.et al.Contribuições da psicologia para a formação em Educação Física. **Motriz**, Rio Claro, v. 10, n. 3, p. 153-158, set./dez. 2004. Disponível em: <https://www.periodicos.rc.biblioteca.unesp.br/index.php/motriz/article/view/383/325>. Acesso em: 12 set. 2022.

JACÓ-VILELA, A. M.; FERREIRA, A. A. L.; PORTUGAL, F. T. (Org.). **História da psicologia**: rumos e percursos. Rio de Janeiro: Nau, 2006.

JONES, E. E.; NISBETT, R. E. The Actor and the Observer: Divergent Perceptions of the Causes of Behavior. In: JONES, E. E. et al. (Org.). **Attribution**: Perceiving the Causes of Behavior. Morritow: General Learning Press, 1972. p. 79-94.

JORGE, M. A. C. **Fundamentos da psicanálise**: de Freud a Lacan. 5. ed. Rio de Janeiro: J. Zahar, 2008. v. 1: As bases conceituais.

KATCH, F. I.; KATCH, V. L.; McARDLE, W. D. **Fisiologia do exercício**: nutrição, energia e desempenho humano. 8. ed. Barueri: Guanabara Koogan, 2016.

KOCIAN, R. C.; KOCIAN, W. E.; MACHADO, A. A. Aspectos psicológicos positivos e negativos de uma concentração esportiva: uma visão dos atletas. **Revista Digital**, Buenos Aires, v. 10, n. 89, out. 2005.

KREBS, R. J. Desenvolvimento infantil: uma breve apresentação de algumas teorias emergentes. In: KREBS, R. J.; COPETTI, F.; BELTRAME, T. S. (Org.). **Discutindo o desenvolvimento infantil** – Sociedade Internacional para Estudos da Criança. Santa Maria: Pallotti, 1998. p. 177-193.

KRÜGER, H. Aulas de Psicologia Social – curso de mestrado em Psicologia da Universidade Gama Filho. 1998.

LA ROSA, J. (Org.). **Psicologia e educação**: o significado do aprender. 7. ed. Porto Alegre: EdiPUCRS, 2003.

LE BOULCH, J. **A educação pelo movimento**: a psicocinética na idade escolar.Tradução de Carlos Eduardo Reis e Bernardina Machado Albuquerque. Porto Alegre: Artes Médicas, 1980.

LEITÃO, M. C. **Jogos e atividades lúdicas nas aulas de Educação Física**: contribuições para o desenvolvimento cognitivo da criança. 178 f. Dissertação (Mestrado em Educação) – Universidade do Oeste Paulista, Presidente Prudente, 2006. Disponível em: <http://bdtd.unoeste.br:8080/jspui/bitstream/tede/964/1/PDF%20-%20Marcelo%20%20%28ARQUIVO%20-%20PDF%29.pdf>. Acesso em: 21 jul. 2022.

LINS, M. J. S. da C. Psicologia do desenvolvimento no currículo de formação de professores.**Educação** –Teoria e Prática, Rio Claro, v. 22, n. 41, p. 43-60, set./dez. 2012. Disponível em: <https://www.periodicos.rc.biblioteca.unesp.br/index.php/educacao/article/view/5120/4844>. Acesso em: 21 jul. 2022.

LYRA FILHO, J. **Introdução à psicologia dos desportos**. Rio de Janeiro: Record, 1983.

MARQUES, I. A teoria dos estágios aplicada aos estudos do desenvolvimento motor: uma revisão. **Revista da Educação Física**, Maringá, v. 7, n. 1, p. 13-18, 1996. Disponível em: <http://www.uel.br/grupo-pesquisa/gepedam/prod_cientifica/artigos/art1.pdf>. Acesso em: 15 set. 2022.

MASLOW, A. H. **Introdução à psicologia do ser**. Tradução de Álvaro Cabral. Rio de Janeiro: Eldorado, 1968.

MAUSS, M. **Sociologia e antropologia.** Tradução de Lamberto Puccinelli. São Paulo: EPU/Edusp, 1974.

MELERO, M. L. **Aprendiendo a conocer a las personas con síndrome de Down.** Málaga: EdicionesAljibe, 1999.

MELLER, A. **Introdução à psicologia**. Rio de Janeiro: Estácio, 2016.

MENDES, M. I. B. de S.; NÓBREGA, T. P. da. Cultura de movimento: reflexões a partir da relação entre corpo, natureza e cultura. **Pensar a Prática**, v.12, n. 2, p. 1-10, maio/ago. 2009. Disponível em: <https://revistas.ufg.br/fef/article/view/6135/5361>. Acesso em: 21 jul. 2022.

MENEZES, R. P.; MARQUES, R. F. R.; NUNOMURA, M. Especialização esportiva precoce e o ensino dos jogos coletivos de invasão. **Movimento**, Porto Alegre, v. 20, n.1, p. 351-373, jan./mar. 2014. Disponível em:<https://seer.ufrgs.br/Movimento/article/view/40200>. Acesso em: 12 set. 2022.

MERGULHÃO, L. **Sexologia aplicada a psicanálise**. Curso Livre em Formação em Psicanálise. Associação Brasileira de Estudo Psicanalíticos do Estado de Pernambuco. Arcoverde, 2016.

MERLEAU-PONTY, M. **Fenomenologia da percepção**. Tradução de Carlos Alberto Ribeiro de Moura. 3. ed. São Paulo: M. Fontes, 2006.

MIRACLE, L. **Lasprofesionesdel mundo del deporte**. Barcelona: Planeta, 1992.

MOUTA, C. A.; SOUZA, T. D. A. Dimensões psicológicas da atividade física: acompanhamento breve de observação das dimensões com o uso da teoria de Sara Paín. **Editorial Bius**, v. 18, n. 12, maio 2020. Disponível em: <https://www.periodicos.ufam.edu.br/index.php/BIUS/article/view/7409>. Acesso em: 21 jul. 2022.

NEGRINE, A. Concepção do jogo em Vigotsky: uma perspectiva psicopedagógica. **Movimento**, Porto Alegre, v. 2, n. 2, p. 6-23, jun. 1995. Disponível em: <https://seer.ufrgs.br/Movimento/article/view/2183>. Acesso em: 12 set. 2022.

NIETZSCHE, F. **Ecce Homo**. Tradução de Inês A. Lohbauer. São Paulo: M. Claret, 2004.

NUNES, R. **As primeiras adaptações**: teoria da vinculação. Disponível em: <http://www.ufjf.br/renato_nunes/files/2013/11/As-primeiras-adapta%C3%A7%C3%B5es.pdf>. Acesso em: 22 jul. 2022.

NUNES, T. C.; COUTO, Y. A. **Educação f**ísica escolar e cultura corporal do movimento no processo educacional. Disponível em: <https://pdf4pro.com/cdn/educa-199-195-o-f-205-sica-escolar-e-cultura-corporal-129d70.pdf>. Acesso em: 3 dez. 2021.

PALANGANA, I. C. **Desenvolvimento e aprendizagem em Piaget e Vigotski**: a relevância do social. 5. ed. São Paulo: Summus, 2001.

PAPALIA, D. E.; FELDMAN, R. D. **Desenvolvimento humano**. Tradução de Carla Filomena Marques Pinto Vercesi et al. 12. ed. Porto Alegre: AMGH, 2013.

PAPALIA, D. E.; OLDS, S. W. **Desenvolvimento humano**. Tradução de Daniel Bueno. 7.ed. Porto alegre: Artmed, 2000.

PIAGET, J. **Seis estudos da psicologia**. Tradução de Maria Alice Magalhães D'Amorim e Paulo Sérgio Lima Silva. 24. ed. Rio de Janeiro: Forense Universitária, 2007.

PILETTI, N.; ROSSATO, S. M. **Psicologia da aprendizagem**: da teoria do condicionamento ao construtivismo. São Paulo: Contexto, 2015.

PONTES, E. A. S. A arte de ensinar e aprender matemática na educação básica: um sincronismo ideal entre professor e aluno. **Psicologia & Saberes**, v. 7, n. 8, p. 163-173, 2018. Disponível em: <http://educamoc.com.br/ckfinder/files/4%20A%20ARTE%20DE%20ENSINAR%20E%20APRENDER%20MATEM%C3%81TICA%20NA%20EDUCA%C3%87%C3%83O%20B%C3%81SICA%20UM%20SINCRONISMO%20IDEAL%20ENTRE%20PROFESSOR%20E%20ALUNO.pdf>. Acesso em: 21 jul. 2022.

PRESTES, I. Hermenêutica, psicanálise e o ato interpretativo. **Revista Uniandrade**, Curitiba, n. 2, p. 181-190, jun. 2001.

PULASKI, M. A. S. **Compreendendo Piaget**: uma introdução ao desenvolvimento cognitivo da criança. Tradução de Vera Ribeiro. Rio de Janeiro: Guanabara Koogan, 1986.

RABELLO, E.; PASSOS, J. S. **Vygotsky e o desenvolvimento humano.** Disponível em: <https://josesilveira.com/wp-content/uploads/2018/07/Artigo-Vygotsky-e-o-desenvolvimento-humano.pdf>. Acesso em: 21 jul. 2022.

RAMEY, C. T.; RAMEY, S. L. Early Intervention and Early Experience. **American Psychologist**, v. 53, n. 2, p. 109-120, 1998.

RAPPAPORT, C. R.; FIORI, W. da R.; HERZBERG, E. **Psicologia do desenvolvimento:** a idade escolar e a adolescência. São Paulo: EPU, 1982. v. 4.

RHODES, R. E.; SMITH, N. E. I. Personality Correlates of Physical Activity: a Review and Meta-Analysis. **British Journal of Sports Medicine**, v. 40, n. 12, p. 958-965, 2006.

RIERA, J. **Introducción a la psicología del deporte**. Barcelona: Martinez Roca, 1985.

ROAZZI, A.; SOUZA, B. C. de. Repensando a inteligência. **Paidéia**, Ribeirão Preto, v. 12, n. 23, p. 31-55, 2002. Disponível em: <https://www.scielo.br/j/paideia/a/BpmxTfgcLhgc8zRrbZ3CkDk/?format=pdf&lang=pt>. Acesso em: 21 jul. 2022.

RODRIGUES, M. **Manual teórico-prático de educação física infantil**. 8. ed. São Paulo: Ícone, 2003.

ROMANI, S. **Educação do corpo**: aspectos pedagógicos do segundo livro do Emílio em diálogo com as ciências do desenvolvimento humano. Dissertação (Mestrado em Educação) – Faculdade de Educação da Universidade de Passo Fundo, Passo Fundo, 2010. Disponível em: <http://tede.upf.br/jspui/bitstream/tede/666/1/2010SimoneRomani.pdf>. Acesso em: 21 jul. 2022.

RUBIO, K. A psicologia do esporte: histórico e áreas de atuação e pesquisa. **Psicologia, Ciência e Profissão**, v. 19, n. 3, p. 60-69, 1999. Disponível em: <https://www.scielo.br/j/pcp/a/9Fd3JQFVmtmqsq5vKkMn5Jr/?format=pdf&lang=pt>. Acesso em: 21 jul. 2022.

RUBIO, K. (Org.). **Psicologia do esporte**: interfaces, pesquisa e intervenção. São Paulo: Casa do Psicólogo, 2000.

SANTOS, G. dos et al. Competência motora de crianças pré-escolares brasileiras avaliadas pelo teste TGMD-2: uma revisão sistemática. **Journal of Physical Education**, v. 31, e3117, p. 1-11, 2020. Disponível em: <https://www.scielo.br/j/jpe/a/BWLYXtKZKFj6qdsWR6VdwVF/?format=pdf&lang=pt>. Acesso em: 21 jul. 2022.

SANTOS, M. A. dos et al. Clínica das configurações vinculares: do estabelecimento do vínculo terapêutico às transformações possíveis. **Vínculo**, São Paulo, v. 14, n. 2, p. 45-57, 2017. Disponível em: <http://pepsic.bvsalud.org/pdf/vinculo/v14n2/v14n2a07.pdf>. Acesso em: 21 jul. 2022.

SANTOS, S. M. P. dos. **Brinquedoteca:** sucata vira brinquedo. Porto Alegre: Artmed, 1995.

SAVIANI, D. **Escola e democracia**. Campinas: AutoresAssociados, 1994.

SCHULTZ, D. P.; SCHULTZ, S. E. **História da psicologia moderna**. Tradução de Marilia de Moura Zanella e Suely Sonoe Murai Cuccio. São Paulo: Cengage Learning, 2009.

SELBACH, S. et al. **Matemática e didática**. Petrópolis: Vozes, 2010.

SHAFFER, D. R. **Psicologia do desenvolvimento**: infância e adolescência. Tradução de Cíntia Regina PembertonCancissu. São Paulo: Pioneira Thomson Learning, 2005.

SHUMAKER, S.A.; BROWNELL, A. Toward a Theory of Social Support: Closing Conceptual Gaps.**Journalof Social Issues**, v. 40, n. 4, p. 11-36, 1984.

SILVA, T. J. C. Educação Física: uma revisão sobre o seu objeto de estudo. **EFDeportes.com,** Buenos Aires, v. 19, n. 193, jun. 2014. Disponível em: <https://efdeportes.com/efd193/educacao-fisica-seu-objeto-de-estudo.htm>. Acesso em: 21 jul. 2022.

SIMÃO, M. J. P. Psicologia transpessoal e a espiritualidade. **O Mundo da Saúde**, São Paulo, v. 34, n. 4, p. 508-519, 2010. Disponível em: <https://revistamundodasaude.emnuvens.com.br/mundodasaude/article/view/594>. Acesso em: 13 set. 2022.

SINGER, R. Sport Psychology: an Integrated Approach. In: SERPA, S. et al. **Proceedings of the 8th World Congress in Sport Psychology**. Lisboa: SPPD, 1993. p. 131-146.

SKINNER, B. F. **Sobre o behaviorismo**. Tradução de Maria da Penha Villalobos. São Paulo: Cultrix; Edusp, 1982.

SOUSA, K. P. de A. Psicologia: uma ciência de contrastes. **Cadernos Cajuína**, v. 3, n. 1, p. 160-172, 2018. Disponível em: <https://cadernoscajuina.pro.br/revistas/index.php/cadcajuina/article/view/105>. Acesso em: 21 jul. 2022.

SOUZA, D. S.; RICOBONI, H. M. G. A influência da atividade esportiva sobre aspectos cognitivos de crianças. In: CONGRESSO NACIONAL DE EDUCAÇÃO, 9.; ENCONTRO SUL-BRASILEIRO DE PSICOPEDAGOGIA, 3., 2009, Curitiba. **Anais**... Curitiba: PUCPR, 2009.

TORRES, V. L. A. Cognição em diálogo. **Motrivivência,** Florianópolis, n. 16, p. 1-6, mar. 2001. Disponível em: <https://periodicos.ufsc.br/index.php/motrivivencia/article/view/4975/5138>. Acesso em: 21 jul. 2022.

TOURINHO, E. Z. Notas sobre o behaviorismo de ontem e de hoje. **Psicologia – Reflexão e Crítica**, v. 24, n.1, p. 186-194, 2011. Disponível em: <https://www.scielo.br/j/prc/a/6DMNMfRqyqFzMd4Vtbvtw7x/?format=pdf&lang=pt>. Acesso em: 21 jul. 2022.

ULRICH D. A. **Test of Gross Motor Development-2**. 2. ed. Austin: Prod-Ed, 2000.

VERENGUER, R. de C. G. Educação física escolar: considerações sobre a formação profissional do professor e o conteúdo do componente curricular no 2º grau. **Revista Paulista de Educação Física**, São Paulo, v. 9, n. 1, p. 69-74, jan./jun. 1995. Disponível em: <https://www.revistas.usp.br/rpef/article/view/139420/134756>. Acesso em: 21 jul. 2022.

VERÍSSIMO, R. **Desenvolvimento psicossocial (Erik Erikson)**. Porto: Faculdade de Medicina do Porto, 2002.

VIEIRA, L. F. et al. Psicologia do esporte: uma área emergente da psicologia. **Psicologia em Estudo**, Maringá, v. 15, n. 2, p. 391-399, abr./jun. 2010. Disponível em: <https://www.scielo.br/j/pe/a/dxqXV7GtH7zkCLkzYq7K7Wd/?format=pdf&lang=pt>. Acesso em: 21 jul. 2022.

VIOTTO FILHO, I. A. T. V.; PONCE, R. de F.; ALMEIDA, S. H. V. de. As compreensões do humano para Skinner, Piaget, Vygotski e Wallon: pequena introdução às teorias e suas implicações na escola. **Psicologia da Educação,** São Paulo, v. 29, n. 2, p. 27-55, 2009. Disponível em: <http://pepsic.bvsalud.org/pdf/psie/n29/n29a03.pdf>. Acesso em: 21 jul. 2022.

VYGOTSKY, L. S. **A formação social da mente**. Tradução de José Cipolla Neto, Luis Silveira Menna Barreto e Solange Castro Afeche. São Paulo: M. Fontes, 1988.

VYGOTSKY, L. S. **Pensamento e linguagem**. Tradução Jeferson Luiz Camargo. 2. ed. São Paulo: M. Fontes, 1989.

VYGOTSKY, L. S. **Psicologia pedagógica**. Tradução de Claudia Schilling. Porto Alegre: Artmed, 2003.

WEINBERG, R. S.; GOULD, D. **Fundamentos da psicologia do esporte e do exercício**.Tradução de Cristina Monteiro.6. ed. Porto Alegre: Artmed, 2017.

XAVIER, J. A importância do desenvolvimento motor na primeira infância. **Fiocruz**, 14 abr. 2018. Disponível em: <https://portal.fiocruz.br/noticia/importancia-do-desenvolvimento-motor-na-primeira-infancia>. Acesso em: 12 dez. 2021.

ZATTI, C. de M. et al. Psicologia aplicada à publicidade: um estudo de caso sobre a propaganda da Primus. In: CONGRESSO BRASILEIRO DE CIÊNCIAS DA COMUNICAÇÃO, 28., 2005, Rio de Janeiro. **Anais**... Rio de Janeiro: UERJ, 2005. Disponível em: <http://www.portcom.intercom.org.br/pdfs/166159408745014435730528769221430810302.pd>. Acesso em: 12 set. 2022.

Bibliografia comentada

BOCK, A. M. B.; FURTADO, O.; TEIXEIRA, M. L. T. **Psicologias**: uma introdução ao estudo de psicologia. 13. ed. São Paulo: Saraiva, 2001.

Essa obra apresenta uma contextualização e uma introdução ao estudo das psicologias. Por meio de uma abordagem simples, os autores tratam de aspectos psicológicos e humanos a fim de esclarecer o básico sobre o estudo das psicologias e a relação dela com o estudo do movimento e do desenvolvimento humano, abordados na área de educação física.

O livro aborda a história da psicologia, assim como suas abordagens teóricas, temas mais básicos, áreas do conhecimento afins, principais características da profissão e temas relacionados ao cotidiano. Dessa maneira, serve como uma bibliografia básica para a compreensão dos estudos e dos aspectos psicológicos relacionados à educação física.

FIGUEIREDO, L. C. M.; SANTI, P. L. R. de. **Psicologia**: uma (nova) introdução. 2. ed. São Paulo: Educ, 1999.

Esse livro apresenta uma abordagem mais histórica e relacionada às teorias que compõem a psicologia. Nele, são tratados os principais pontos relacionados à historicidade da psicologia e suas teorias. Inicialmente, é abordada a cronologia relacionada aos acontecimentos que promoveram as descobertas e os pensamentos dos filósofos associados à área.

Além disso, o livro traz reflexões sobre os valores psicológicos humanos, suas crenças e culturas. A prática psicológica é levada para o eixo da subjetividade relacionada aos acontecimentos históricos, como o Iluminismo e o Romantismo. Em seguida, são abordadas as teorias que concebem a psicologia como ciência. A obra ainda trata da abordagem profissional, considerando-se a psicologia organizacional, que estuda a fase escolar, e da questão da subjetividade, a qual aborda a psicologia clínica, conhecida nos dias de hoje.

KELLER, F. S. **A definição da psicologia**: uma introdução aos sistemas psicológicos. Tradução de Rodolpho Azzi. São Paulo: Herder, 1972.

Esse livro apresenta aspectos relacionados à experiência pessoal do autor, assim como expõe ao leitor os precursores e fundadores da psicologia e a suas teorias. Além disso, trata dos principais campos da psicologia, que são: o animal, o de desenvolvimento, o diferencial e o patológico.

O livro trata, inicialmente, dos aspectos históricos que envolvem a problemática, assim como da fundação da psicologia moderna no mundo e seus aspectos mais importantes. Também aborda assuntos importantes e de grande relevância, como o estruturalismo e a Gestalt. Essa contextualização evidencia qual foi o berço dessas teorias, além de apontar suas dificuldades e o caminho percorrido até os dias de hoje.

LANE, S. T. M.; CODO, W. (Org.). **Psicologia social**: o homem em movimento. São Paulo: Brasiliense, 1984.

Esse livro apresenta os aspectos relacionados ao estudo do movimento e do homem durante sua existência. Nele, a autora analisa os aspectos humanos referentes ao processo de evolução e desenvolvimento ao longo da vida. Assim, ela trata do homem em movimento, como uma espécie de evolução, e da relação do homem concreto com o abstrato, ou seja, o subjetivo.

De maneira geral, a obra aborda uma psicologia voltada para os aspectos sociais do ser humano, em que há as polêmicas com relação aos assuntos subjetivos e também às verdades do ser humano. Trata, portanto, da subjetividade, das controvérsias e das condições equivocadas tomadas pelos indivíduos ao longo da vida, durante seu processo de desenvolvimento social.

RAPPAPORT, C. R.; FIORI, W. da R.; HERZBERG, E. **Psicologia do desenvolvimento**: a idade escolar e a adolescência. São Paulo: EPU, 1982.

Esse livro trata de assuntos relacionados aos aspectos psicológicos envolvidos no desenvolvimento humano. A proposta traz a concepção emocional do desenvolvimento, a abordagem da psicanálise, bem como conceitos associados ao processo de desenvolvimento normal da criança e do ser humano, mostrando suas vertentes psicológicas, como os conflitos e as vivências.

A obra também aborda a questão do desenvolvimento cognitivo, evidenciando as relações da inteligência com os processos de desenvolvimento da linguagem. Desse modo, o processo de desenvolvimento cognitivo trata das questões intelectuais do ser humano, assim como das relações que esses processos enfrentam com os problemas de socialização desde a fase infantil.

RUBIO, K. (Org.). **Psicologia do esporte**: interfaces, pesquisa e intervenção. São Paulo: Casa do Psicólogo, 2000.

Esse livro trata, especificamente, da área de psicologia do esporte. Nele, a autora aborda a novidade da área para a ciência, pois, embora a fusão da psicologia com a educação física já existisse, acabou sendo firmada por meio desse campo científico. Dessa forma, o livro aborda o campo do profissional responsável pela psicologia do esporte, considerando-se os aspectos relacionados à psicologia e também a relação entre a psicanálise e os estudos do movimento.

A obra também apresenta reflexões sobre as teorias da psicologia de forma aplicada ao esporte e como base para a prática profissional nessa área, além de tratar dos processos de desenvolvimento de treinamentos e intervenções voltados ao atleta com foco nos aspectos psicológicos envolvidos no processo de competição. Ainda, analisa a questão da reabilitação de lesões, visto que se trata de um processo comum para atletas, demonstrando, assim, que a psicologia do esporte está envolvida em todas as fases do esporte, seja na preparação, seja na competição, seja no período de reabilitação.

Sobre a autora

Lucimara Ferreira Magalhães é doutoranda em Atenção à Saúde pela Universidade Federal do Triângulo Mineiro (UFTM), mestre em Educação Física pela mesma instituição e fisioterapeuta formada pela Universidade de Uberaba (Uniube). Foi docente convidada de disciplinas dos cursos de Fisioterapia e Educação Física da UFTM. Atualmente, trabalha como fisioterapeuta na prática clínica.

Os papéis utilizados neste livro, certificados por instituições ambientais competentes, são recicláveis, provenientes de fontes renováveis e, portanto, um meio responsável e natural de informação e conhecimento.

FSC
www.fsc.org
MISTO
Papel produzido a partir de fontes responsáveis
FSC® C103535

Impressão: Reproset
Março/2023